Bibliografische Information der Deutschen Nationalbibliothek:

Die Deutsche Bibliothek verzeichnet diese Publikation in der Deutschen National-
bibliografie; detaillierte bibliografische Daten sind im Internet über http://dnb.d-
nb.de/ abrufbar.

Impressum:

Copyright © 2008 GRIN Verlag, Open Publishing GmbH
Druck und Bindung: Books on Demand GmbH, Norderstedt Germany
ISBN: 9783668351349

Dieses Buch bei GRIN:

http://www.grin.com/de/e-book/123432/zahngesundheit-im-kindes-und-jugendalter

Viktoria Engelke

Zahngesundheit im Kindes- und Jugendalter

GRIN Verlag

GRIN - Your knowledge has value

Der GRIN Verlag publiziert seit 1998 wissenschaftliche Arbeiten von Studenten, Hochschullehrern und anderen Akademikern als eBook und gedrucktes Buch. Die Verlagswebsite www.grin.com ist die ideale Plattform zur Veröffentlichung von Hausarbeiten, Abschlussarbeiten, wissenschaftlichen Aufsätzen, Dissertationen und Fachbüchern.

Besuchen Sie uns im Internet:

http://www.grin.com/

http://www.facebook.com/grincom

http://www.twitter.com/grin_com

Universität Paderborn

Zahngesundheit im Kindes- und Jugendalter

Schriftliche Hausarbeit im Rahmen der Ersten Staatsprüfung für das Lehramt an Grund-, Haupt- und Realschulen und den entsprechenden Jahrgangsstufen der Gesamtschulen mit dem Studienschwerpunkt Grundschule im Lernbereich Naturwissenschaften

von

Viktoria Engelke

Paderborn, den 31.07.2008

Inhaltsverzeichnis

Abbildungs- und Tabellenverzeichnis

1 Einleitung

In der vorliegenden Arbeit geht es um die Zahngesundheit im Kindes- und Jugendalter. Die Gesundheit der Zähne und des Gebisses ist von grundlegender Bedeutung für die allgemeine Gesundheit des Menschen. Ein gesundes, gepflegtes und schönes Gebiss ist nicht nur wichtig für das Kauen. Es verleiht dem Besitzer ein gutes Aussehen, Sicherheit und Selbstvertrauen und ist somit für das seelische und körperliche Wohlbefinden mitentscheidend.

Nur wenige Maßnahmen sind notwendig, die sich präventiv auf die Zahngesundheit auswirken. Dazu gehören:

*   eine gesunde, vollwertige Ernährung;

*   eine richtige und gewissenhafte Mund- und Zahnpflege;

*   die Zuführung von Fluoriden und

*   die regelmäßigen Kontrollen durch den Zahnarzt.

Zahnmediziner bestätigen, dass es in der praktischen Umsetzung dieser Präventionsmaßnahmen mitunter erhebliche Probleme gibt. Vor allem Menschen im Erwachsenenalter fällt die Umstellung schwer, da diese Verhaltensweisen und Gewohnheiten übernommen und verfestigt haben, die oftmals nicht als gebissgesund bezeichnet werden können. Somit sind Karies und Zahnfleischerkrankungen auch heute noch als Volkskrankheiten zu betrachten. Für viele Menschen sind Zahnkrankheiten eine Selbstverständlichkeit. Damit das Bewusstsein für die eigene Verantwortlichkeit von Zahnerkrankungen deutlich gemacht wird, muss Zahngesundheit und damit auch die Zahngesundheitserziehung bereits im Kindesalter thematisiert werden. Die wesentlichen Lebensgrundlagen wie z.B. Verhaltensweisen, Lebensstile, Überzeugungen und Wertvorstellungen werden im Kindes- und Jugendalter erworben. Sie sind prägend für den Umgang mit der Gesundheit im späteren Leben.

Nach dem Elternhaus hat zunächst der Kindergarten und anschließend die Grundschule in besonderer Weise, da sie durch die allgemeine Schulpflicht alle Kinder erreicht, eine erhebliche Verantwortung bei der Zahngesundheitserziehung. Die gegenseitige Unterstützung und Zusammenarbeit von Eltern und Schule ist sehr wichtig, damit die Bemühungen erfolgreich sind und die Grundlagen einer guten Zahngesundheit bereits in den Kindesjahren gelegt werden. Das Wissen um die eigene Verantwortlichkeit bezüglich einer zahngesunden Lebensführung und seiner Vorteile muss immer wieder wiederholt und vertieft werden, damit auch Jugendliche in ihrer Handlungskompetenz – ihr Gebiss möglichst lebenslang gesund zu erhalten – gefördert werden.

Die erzieherischen Bemühungen seitens der Schule sollten nicht lediglich auf dem Allgemeinwissen der Lehrperson basieren, sondern auf zahnmedizinischen Grundlagen aufbauen. Aus diesem Grund bilden die zahnmedizinischen Aspekte den Schwerpunkt dieser Arbeit. Die vorliegende Arbeit ist daher folgendermaßen aufgebaut:

Im zweiten Kapitel werden zunächst die Entwicklung der Zähne, ihr Aufbau und ihre Funktion beschrieben, um dann auf die Erkrankungen der Zähne und des Parodonts sowie auf die Verbreitung der Karies im Kindes- und Jugendalter einzugehen. Das dritte Kapitel stellt die fachwissenschaftlichen Prophylaxemaßnahmen – die vier Säulen der Zahngesundheit – dar und gibt einen Überblick über Zahngesundheitserziehung. Abschließend wird ein Unterrichtsentwurf (viertes Kapitel) vorgestellt, der aufbauend auf den vorhergehenden Ausführungen konzipiert wurde.

2 Die Zähne

Da jeder Mensch Zähne hat, sind sie für die meisten Menschen so selbstverständlich, dass man sich derer Bedeutung gar nicht bewusst wird. Erst wenn Zahnkrankheiten und/ oder Zahnverlust auftreten, erkennen viele Menschen ihre wichtige Funktion. Täglich werden beim Essen, Sprechen und Lachen Zähne gezeigt. Niemand kann seine Zähne verstecken. Umso wichtiger ist darum die Auseinandersetzung mit dem Thema „Zähne", damit man sich des komplexen Aufbaus, der bedeutenden Funktionen und der Folgen und Schäden von Zahnerkrankungen bewusst wird.

2.1 Zahn- und Gebissentwicklung

Die Entwicklung der Zähne beginnt bereits in der sechsten Embryonalwoche und verläuft in Stadien. Zunächst bilden sich die Zahnleisten, aus denen die Anlagen für die Milchzähne und die bleibenden Zähne hervorgehen. Ab dem vierten Schwangerschaftsmonat beginnt die Mineralisierung der Hartsubstanzen der Milchzähne (vgl. Koch 2007, S.392; Pommerenke et al. 2004, S.13). Meist sind am Tage der Geburt die Kiefer der Säuglinge zahnlos, damit diese ihre Mütter beim Trinken nicht verletzen. Einige Milchzahnkronen sind zu diesem Zeitpunkt bereits vollständig mineralisiert, andere nur zur Hälfte (vgl. Pommerenke et al. 2004, S.13). Sind bereits bei der Geburt Zähne oder nur Zahnkanten im Kiefer des Säuglings zusehen, so stellt dies keine Anomalie dar, sondern eine beschleunigte Entwicklung (vgl. Heinrich/Hoffmann 1997, S.141f). Das Milchgebiss setzt sich aus 20 Milchzähnen zusammen, d.h. 10 Milchzähne pro Kiefer. Dies sind insgesamt acht Schneidezähne, vier Eckzähne und acht Backenzähne (Milchmolaren). Der Zahndurchbruch (s. Abb. 1) unterliegt individuellen Schwankungen, jedoch brechen in der Regel die unteren Schneidezähne zuerst durch. Dies erfolgt zwischen dem 6.-12. Lebensmonat (vgl. Koch 2007, S.393; Heinrich/Hoffmann 1997, S.142). Dann folgen meist die ersten Mahlzähne (Milchmolaren, Backenzähne) zwischen dem 12.-16. Lebensmonat. Zwischen dem 16.-20. Lebensmonat brechen die Eckzähne durch und zwischen dem 20.-30. Lebensmonat die zweiten Mahlzähne (vgl. Heinrich/Hoffmann 1997, S.143). Diese ersten Zähne sind kleiner als die bleibenden Zähne und besitzen gezackte Kanten. Die Milchzähne behalten ihre Größe, während in den folgenden Jahren die Kiefer wachsen.

Abbildung 1   **Entwicklung des Milchgebisses**

Zähne im Milchgebiß		Ungefähres Alter bei Durchbruch
I Milchschneidezahn		6 Monate
II Milchschneidezahn		8 Monate
III Milcheckzahn		16 Monate
IV Erster Milchbackenzahn		12 Monate
V Zweiter Milchbackenzahn		20 Monate

Quelle: Bartsch et al. 2003, S.10

Die zweite Zahnung beginnt mit ca. sechs Jahren (s. Abb. 2). Dabei werden die Milch-zähne durch die bleibenden Zähne ersetzt. Gewöhnlich bricht als erster bleibender Ba-ckenzahn der Sechsjahr-Molar ab dem Ende des 5. Lebensjahres durch - noch bevor der erste Milchzahn verloren gegangen ist. Diese ersten bleibenden Backenzähne setzen sich hinter die zweiten Milchmolaren, oft ohne dass es die Kinder bzw. deren Eltern bemerken. Folglich werden die ersten bleibenden Zähne oft für Milchzähne gehalten und deren Zerfall wird sorglos hingenommen. Der eigentliche Zahnwechsel beginnt dann im Alter von sechs bis sieben Jahren. So genannte Osteoklasten[1] bauen die Wur-zeln der Milchzähne ab, bis schließlich die Milchzähne zu wackeln anfangen und nach und nach ausfallen. Die darunter liegenden bleibenden Zähne stoßen durch das Zahn-fleisch und nehmen deren Platz ein (vgl. Voß 2004, S.33; Heinrich/Hoffmann 1997, S. 143f). Das Wechselgebiss erstreckt sich etwa über acht Jahre. Die folgende Abbildung (s. Abb. 2) gibt lediglich eine Norm des ungefähren Alters bei Durchbruch an. Diese Daten können individuell verschieden sein.

Abbildung 2   **Entwicklung des bleibenden Gebisses**

Zähne im bleibenden Gebiß		Ungefähres Alter bei Durchbruch
1 Schneidezahn		7 Jahre
2 Schneidezahn		8 Jahre
3 Eckzahn		11 Jahre
4 Erster kl. Backenzahn		9 Jahre
5 Zweiter kl. Backenz.		10 Jahre
6 Erster gr. Backenzahn		6 Jahre
7 Zweiter gr. Backenz.		12 Jahre
8 Weisheitszahn		18 Jahre

Quelle: Bartsch et al. 2003, S.10

---

[1] Osteoklasten: Mehrkernige große Zellen, die Knochensubstanz und in diesem Fall die Zahn-wurzeln der Milchzähne abbauen.

Das bleibende Gebiss besteht aus 32 Zähnen. Es umfasst acht Schneidezähne, vier Eck-zähne, acht kleine Backenzähne (Prämolaren) und 12 große Backenzähne (Molaren) einschließlich der vier Weisheitszähne (vgl. Heinrich/Hoffmann 1997, S.143; aid 2006, S.4).

2.2 Zahnaufbau

Zähne haben eine erhebliche Beiß- und Kauleistung zu erbringen. Der Bau der Zähne entspricht diesen Leistungen. Beim Zahn werden drei Bereiche unterschieden: Zahnkro-ne, Zahnhals und Zahnwurzel (s. Abb. 3).

Abbildung 3   Bereiche und Strukturen eines Backenzahnes

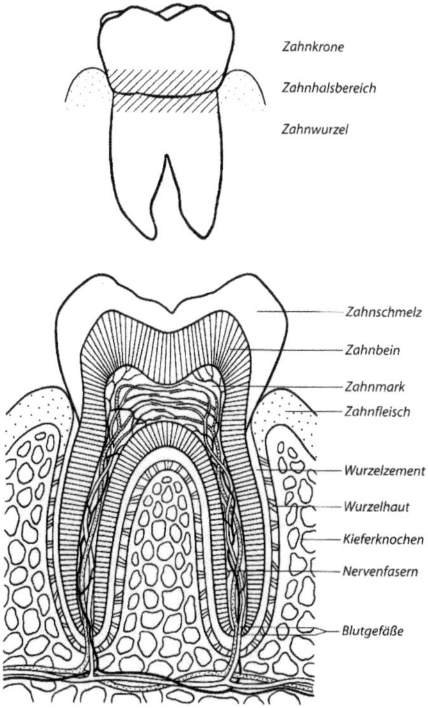

Quelle: Pommerenke et al. 2004, S.15

Als **Zahnkrone** bezeichnet man den Teil des menschlichen Zahns, der im Gebiss sichtbar ist. Die Zahnkrone wird aus dem weißlichen Zahnschmelz an der Oberfläche, dem darunter liegenden Zahnbein (Dentin) und Teilen der Markhöhle (Pulpa) gebildet. Jeweils nach der Funktion des Zahnes ist die Zahnkrone unterschiedlich geformt. Es wird zwischen Glattflächen, Höckern und Fissuren (Furchen) unterschieden (vgl. Voß 2004, S.34f).

Der **Zahnschmelz** ist aus der härtesten Substanz hergestellt, die der menschliche Körper erzeugt. Als äußere Schicht der Krone muss er starken Belastungen standhalten. Er ist dem Mundmilieu am längsten ausgesetzt. Der Zahnschmelz besteht gewichtsbezogen zu 95% aus anorganischer Substanz, dem Apatit. Apatit - härter als Stahl - ist ein wasserlösliches Kalziumphosphat in Kristallgitterstruktur. Bei der Kristallgitterstruktur handelt es sich um sechskantige Prismen, die aus einer Mischform von Hydroxylapatit, Fluorapatit und Carbonatapatit bestehen. Die restlichen 5% Gewichtsanteile bilden organische Stoffe, wie z.b. Eiweiß und Wasser. Die organischen Stoffe verbinden die Apatitkristalle wie eine Art Kittsubstanz miteinander. Trotz seiner Härte ist der Zahnschmelz aufgrund des Wassergehalts geringfügig für verschiedene wasserlösliche Stoffe durchlässig, wie beispielsweise Mineralsalze, Fluoride aber auch Säuren (vgl. Heinrich/Hoffmann 1997, S.150; Kramer 2004, S.28; Voß 2004, S.34f; Bartsch et al. 1992, S.10). Wird z.B. durch Säuren die Kittsubstanz beschädigt oder aufgelöst, bricht die Kristallgitterstruktur ein. Die Schmelzprismen fallen wie lose Ziegel durcheinander. Da die schmelzbildenden Epithelzellen (Ameloblasten) nach Beendigung ihrer Arbeit zugrunde gehen, kann verloren gegangener Schmelz nicht mehr vom Körper ersetzt werden (vgl. Heinrich/Hoffmann 1997, S.150). Diese Tatsache bestätigt die Wichtigkeit einer guten Zahngesundheit. „Der Schmelz erscheint von außen als ein unveränderliches Gewebe, aber in Wirklichkeit besteht ein reger Austausch von Substanzen mit seiner Umgebung, vor allen Dingen mit dem Speichel" (Kramer 2004, S.29).

Den Kern des Zahnes bildet das knochenharte, elastische **Zahnbein** (Dentin). Es ist nicht ganz so hart wie der Zahnschmelz, da es zu ca. 70% Gewichtsanteilen aus anorganischen Substanzen – vor allem Hydroxylapatit - besteht. Zahlreiche Kanälchen, so genannte Dentinkanälchen, durchziehen das Zahnbein. Sie stellen eine direkte Verbindung zum darunter liegenden Zahnmark her. In diesen Kanälchen verlaufen Fortsätze der dentinbildenden Zellen (Odontoblastenfortsätze) und Fortsätze von Nervenzellen der Markhöhle. Somit reagiert das Zahnbein auf Temperaturunterschiede und kann Schmerzempfindungen signalisieren (vgl. Bartsch et al. 1992, S.10; Heinrich/Hoffmann 1997, S.150f; Kramer 2004, S.29; Voß 2004, S.35). „Dentin ist ein sensibles und im Stoffaustausch aktives Gewebe, das zwar von außen betrachtet einen festen und harten Eindruck macht, in Wirklichkeit aber einem Sieb mit sehr vielen Löchern (Dentinkanälchen) entspricht" (Kramer 2004, S.29). Im Gegensatz zum Zahnschmelz kann Zahnbein nachgebildet werden, da die dentinbildenden Zellen nicht absterben (vgl. Heinrich/Hoffmann 1997, S.151).

Die Markhöhle enthält das Ernährungsorgan des Zahnes, das **Zahnmark** (Pulpa). Das Zahnmark besteht aus Bindegewebe, kleinsten Blutgefäßen und Nervenfasern. Volkstümlich wird das Zahnmark oft als „Nerv" bezeichnet. (vgl. Heinrich/Hoffmann 1997, S.151; Voß 2004, S.35; Bartsch et al. 1992, S.10). „Selbst in diesem kleinen Endorgan findet also der Austausch zwischen Sauerstoff und Kohlendioxid (der „Gasaustausch") statt" (Heinrich/Hoffmann 1997, S.151). Noch bevor ein Zahn durchbricht, hat das Zahmmark mit seinen Odontoblasten die Masse des Zahnes, das Zahnbein, aufgebaut. Später übernimmt es den Stoffwechsel des gesamten Zahnes. „Solange das Zahnmark in Funktion ist, wird der Zahn als „lebend", als „vital" bezeichnet" (Heinrich/Hoffmann 1997, S.151).

Der Bereich, wo die Zahnkrone an das Zahnfleisch grenzt, heißt **Zahnhals**. An den Zahnhals schließt sich die **Zahnwurzel**. Es gibt einwurzelige (z.b. Eckzähne) und mehrwurzelige Zähne (z.b. große Backenzähne). Jede Zahnwurzelspitze besitzt eine Öffnung (bei einwurzeligen Zähnen sind oft auch zwei Öffnungen vorhanden), durch die Blutgefäße und Nervenfasern verlaufen (vgl. Bartsch et al. 1992, S.10; Pommerenke et al. 2004, S.15). Die Zahnwurzeln sind nicht fest im Kiefer verkeilt, sondern sind elastisch darin verankert. Dafür sorgt der **Zahnhalteapparat** (vgl. Heinrich/Hoffmann 1997, S.151f; Voß 2004, S.36; Bartsch et al. 1992, S.10). „Der Zahnhalteapparat (Parodont) besteht aus dem Zahnfleisch (Gingiva), dem knöchernen Zahnfach (Alveole), der Wurzelhaut (Desmodont) und dem Wurzelzement" (Kramer 2004, S.41). Es hat die Aufgabe „den Zahn in seiner Lage zu halten, mechanische Belastungen, die auf den Zahn z.b. während des Kauens von Nahrung einwirken, aufzufangen und Bakterien am Eindringen an der Zahnoberfläche entlang in das Körperinnere zu hindern" (Heinrich/Hoffmann 1997, S.281). Das **Zahnfleisch** umgibt den Zahnhals kragenförmig von allen Seiten und trennt dabei den Zahn in zwei Teile. Ein Teil jedes Zahnes ragt in die Mundhöhle und ist allen Einflüssen von Mikroorganismen und deren Giften ausgesetzt. Der andere Teil befindet sich in der keimfreien Innenwelt des Organismus, in der er vor Reizen thermischer und chemischer Art geschützt wird. Im gesunden Zustand erscheint das Zahnfleisch rosafarben und liegt straff um den Zahn und am Knochen an (vgl. Kramer 2004, S.41; Heinrich/Hoffmann 1997, S.281). Vom Zahnhals bis zur Wurzelspitze ist jeder Zahn vom **Wurzelzement** – einer besonderen, knochenartigen Gewebsschicht – überzogen, das der Befestigung der Wurzelhaut dient. Im Wurzelzement sind die Fasern verankert, die den Zahn am Knochen befestigen (so genannte Sharpey-Fasern) (vgl. Heinrich/Hoffmann 1997, S.151; Voß 2004, S.36; Bartsch et al. 1992, S.10; Kramer 2004, S.29,41). Die **Wurzelhaut** besteht aus festen, elastischen und geschlängelten Bindegewebsfasern (vergleichbar Gummizügen), die zwischen Zahnzement und dem knöchernen Zahnfach angeordnet sind. Sie bedingen die elastische Verankerung und fangen den Kaudruck ab (vgl. Heinrich/Hoffmann 1997, S.152; Bartsch et al. 1992, S.10). „Würden die Zähne fest in den Zahnfächern verankert sein, so würden beim Kauakt sämtliche Druck- und Stoßkräfte direkt auf den Kieferknochen und damit auf den

Schädel und das empfindliche Gehirn übertragen werden (Heinrich/Hoffmann 1997, S.152)."

2.3 Zahnarten – ihre Form und Funktion

Die Funktionen der Zähne werden vielen Menschen erst bewusst, wenn ihre Zähne durch Zahnkrankheiten zerstört und/ oder verloren gegangen sind. Das menschliche Gebiss spielt eine maßgebende Rolle. Es erfüllt im Alltag drei sehr wichtige Funktionen. Die Hauptaufgabe der Zähne besteht in der Nahrungszerkleinerung (vgl. Wiedemann 1991, S.10; Voß 2004, S.30; Bartsch et al. 1992, S.7). „Mit den Lippen und den Zähnen ergreifen wir die Nahrung, mit den Zähnen beißen wir Nahrung ab und kauen sie. Zusammen mit Muskeln (z.b. Kau-, Wangenmuskeln, Zunge als Muskelorgan), Nerven, Speicheldrüsen, Knochen (Ober- und Unterkiefer) und dem Kiefergelenk bilden unsere Zähne eine funktionelle Einheit, den so genannten Kauapparat. Der Kauapparat ist ein Teil der Mundhöhle. Sie ist der Anfang des Verdauungstraktes. Nahrung wird aufgenommen, zerkleinert, durchspeichelt und so die Vorverdauung eingeleitet" (Bartsch et al. 1992, S.7). Weiterhin dienen die Zähne dem deutlichen und wohlklingenden Sprechen sowie dem Aussehen des Trägers. „Außerdem benutzt der Mensch die Zähne zur Artikulation der Sprache, und sie sind wichtiger Bestandteil der Ästhetik und des Selbstwertgefühls des Menschen" (Kramer 2004, S.27). Somit ist das Gebiss maßgeblich für das körperliche und seelische Wohlbefinden verantwortlich. „Ein vollständiges, gepflegtes Gebiss gibt Menschen Sicherheit und Selbstvertrauen" (Pommerenke et al. 2004, S.16) und betont zudem die Schönheit des Gesichts.

Bevor auf die Funktion der einzelnen Zähne bei der Nahrungszerkleinerung eingegangen wird, wird die sehr bedeutende Rolle des Milchgebisses dargestellt.

Das Milchgebiss erfüllt mehrere bedeutende Aufgaben. Einerseits ist es wichtig um Kauen und Sprechen zu erlernen. Weiterhin ist die ständige Beanspruchung beim Kauakt von maßgebender Bedeutung für die Entwicklung der Kiefer und ihre Stellung zueinander. Ebenso beeinflusst das Milchgebiss die regelrechte Stellung der nachfolgenden bleibenden Zähne (vgl. Voß 2004, S.32; Kramer 2004, S.53). Die Milchzähne dienen als Platzhalter. Gehen vorzeitig Milchzähne verloren, so können die Nachbarzähne in die Lücke hineinwandern oder hineinkippen, oder der Gegenzahn kann hineinwachsen (s. Abb. 4).

Abbildung 4   Wanderung der Nachbarzähne bei Zahnverlust

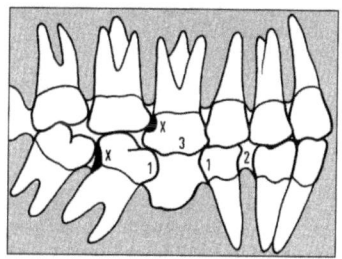

1 = durch Zahnverlust gekippte Nachbarzähne, dadurch Lücke auch bei 2;
3 = Gegenzahn herausgewandert;
x = Karies durch Plaquebildung an Retentionsstellen[2]

Quelle: Kramer 2004, S.53

Die wichtigste Aufgabe erfüllt der zweite Milchmolar. Durch seinen vorzeitigen Verlust wird die Stellung des ersten bleibenden Backenzahns (Sechsjahr-Molar) beeinflusst, der wiederum für die Stellung und Ausrichtung der anderen bleibenden Zähne verantwortlich ist. „Wenn die Funktion des Milchgebisses als Platzhalter und als Erhalter der Stützzone nicht gewahrt bleibt, sind die möglichen Folgen Gebiss- und Kieferfehlbildungen wie Engstand, Tiefbiss, Vortreten der oberen Frontzähne (Protrusion), Kompressionen usw. und vermehrte Belagbildung durch die erschwerte oder nicht mögliche Zahnreinigung; die Folgen sind kariöse Defekte und entzündliche Parodontopathien" (Kramer 2004, S.54). Auch Kneist et al. (2008, S.81) bestätigen und ergänzen die wichtige Funktion und Bedeutung des Milchgebisses: „Die Erhaltung der Mundgesundheit des heranwachsenden Kindes ist deshalb von großer Bedeutung, weil gerade gesunde Zähne die Sprach- und Sprechweise positiv beeinflussen sowie das psychische Wohlbefinden und die soziale Akzeptanz des Kindes. Der vorzeitige Zahnverlust der oberen Schneidezähne, die das eigenständige Funktionsmuster der Zunge nicht mehr gewährleisten können, steht nur am Anfang einer Reihe negativer Entwicklungen für das Kind. Kariöse Zähne verursachen Schmerzen, beeinträchtigen das Kauvermögen und führen zu Zahn- und Kieferfehlstellungen mit nachhaltiger Wirkung auf die Gesamtgesundheit des Kindes."

Da der Mensch sowohl tierische als auch pflanzliche Nahrung zu sich nimmt, besitzt er ein so genanntes Mischgebiss. Abgestimmt auf die Nahrung besitzen die verschiedenen Zahnformen unterschiedliche Funktionen (s. Abb. 5).

---

[2] Retentionsstellen: Schlupfwinkel, der natürlichen Zahnreinigung nicht zugängliche Stelle (vgl. Kramer 2004, S.166).

Abbildung 5   Zahnformen und ihre Funktionen

	Zahnformen	Funktionen
	**Schneidezähne:** keilförmige Krone mit waagerechter Schneidekante; Außenfläche konvex, Innenfläche leicht konkav; eine Wurzel	Abbeißen von Nahrungsbrocken
	**Eckzähne:** kegelförmig zugespitzte Krone; eine besonders lange Wurzel	Festhalten von Nahrung zum Abreißen, Spalten von Nahrungsbrocken
	**kleine Backenzähne** (Prämolaren): Kaufläche mit zwei Höckern; eine oder zwei Wurzeln	Zerteilen, Zerquetschen, Zerreiben und Zermahlen von Nahrung
	**große Backenzähne** (Molaren): Kaufläche mit 3–5 Höckern; im Oberkiefer drei, im Unterkiefer zwei Wurzeln	

Quelle: Pommerenke et al. 2004, S.12

Die **Schneidezahnkronen** sind mehr oder weniger als schaufelförmige Meisel ausgebildet und haben eine waagerechte Schneidekante. Ihre Aufgabe ist von der Nahrung abzubeißen und die Bissen zu zerteilen. Ihre Wirkweise ist vergleichbar mit einer Schere. Die **Eckzähne** haben eine kegelförmig zugespitzte Krone. Sie zerkleinern (spalten) die Nahrung in grobe Stücke und halten die Nahrung zum besseren Abreißen fest. Die Wirkweise der Eckzähne ist mit einem Keil vergleichbar (vgl. Heinrich/Hoffmann 1997, S.144ff; Wiedemann 1991, S.10; Voß 2004, S.30; Bartsch et al. 1992, S.7). „Außerdem sorgen sie durch ihre Form und Stellung dafür, dass beim Kauen die oberen und die unteren Zähne in die richtige Richtung geführt werden" (Wiedemann 1991, S.10). Die Zahnkronen der **Prämolaren** (kleinen Backenzähne) sollen den Kauvorgang einleiten. Somit besitzen sie keine Schneidekanten, sondern bereits angedeutete Kauflächen mit zwei Höckern und Fissuren. Ihre Aufgabe ähnelt dem eines Nussknackers. Das Ziel ist das Zerteilen und Zertrümmern harter Speisen. Die Kronen der **Molaren** (großen Backenzähne) weisen breite Kauflächen auf und haben meistens vier Höcker. Die Fissuren der oberen Molaren bilden ein schrägliegendes H und die unteren Furchen eine „Kreuzfissur" (vgl. Heinrich/Hoffmann 1997, S.147). Ähnlich wie ein Mühlstein zerreiben und zermahlen die Molaren die Nahrung bis diese unter Speicheleinwirkung zum Speisebrei wird (vgl. Wiedemann 1991, S.1; Heinrich/Hoffamnn 1997, S.147; Voß 2004, S.30f). Wegen der vielfältigen und wichtigen Aufgaben, die die Zähne ein ganzes Leben zu erfüllen haben, kommt ihrer Gesunderhaltung eine besondere Bedeutung zu.

2.4 Erkrankungen der Zähne und des Parodonts

Im Mundraum sind die Zähne vielen Einflüssen ausgesetzt, die zu Veränderungen oder Erkrankungen am Zahn oder am Parodont führen können. Im Folgenden soll es um Karies und Parodontalerkrankungen gehen. Karies und Zahnfleisch-/ Zahnbetterkrankungen sind nach wie vor als Volkskrankheiten zu betrachten. Karies ist eine Demineralisation der Hartsubstanz der Zähne. Die häufigsten Parodontalerkrankungen sind Gingivitis und Parodontitis, bakteriell bedingte entzündliche Erkrankungen der Gingiva (Zahnfleisch) und des Zahnhalteapparats. Sowohl Karies als auch Parontontalerkrankungen stehen im Zusammenhang mit der Bildung von bakterieller Plaque (vgl. Kramer 2004, S.21f,27; Voß 2004, S.36).

2.4.1 Die Plaquebildung

Plaque ist ein gelblich-grauer, festhaftender (klebriger), weicher Zahnbelag, der aus „Mikroorganismen (Bakterien) und den Produkten ihrer Vermehrung und Stoffwechselaktivität" besteht (Kramer 2004, S.49). Die Mundhöhle ist ein Ökosystem, in dem ständig Mikroorganismen in großer Anzahl vorhanden sind. Durch diese Besiedlung der Mundhöhle kommt es zur Bildung von bakteriellen Belägen auf den Zahnoberflächen. Die Plaquebildung erfolgt in mehreren Phasen.

1. Phase: Nach dem Zähne putzen bildet sich innerhalb von Sekunden ein Schmelzoberhäutchen (Schmelzpellikel) aus organischen Bestandteilen des Speichels. Das Schmelzoberhäutchen überzieht alle Oberflächen im Mund wie Zahnkronen, Prothesenoberflächen und Schleimhäute. Innerhalb von vier Stunden haften sich kugelförmige Bakterien (vor allem Streptococcus mutans) auf diesem Überzug an. Ist ein gutes Substratangebot vorhanden, vermehren sich die Bakterien und bilden Kolonien.

2. Phase: Die Bakterienkolonien haben sich bis zum zweiten Tag vergrößert. Aus dem Speichel treten weitere Mikroorganismen hinzu. Die Bakterien bilden immer mehr extrazelluläre Substanzen, in dem sie aus Mono- und Disacchariden (Einfach- und Doppelzucker) langkettige Polysaccharide aufbauen. Diese extrazellulären Polysaccharide[3] (EPS) bilden die Grundsubstanz der Plaque. Die Grundsubstanz haftet als klebrige, schleimige Substanz zwischen den Bakterien und an der Zahnoberfläche.

3. Phase: In den weiteren zwei bis vier Tagen verdickt sich die Plaque und weitere Bakterienarten siedeln sich in ihr an. Die Grundsubtanz stabilisiert die Plaque. Bereits ab dem dritten Tag kann unter dem Belag eine Zone der Demineralisation im Schmelz entstehen.

4. Phase: Ab dem fünften Tag treten spiralförmige Bakterien in der Plaque auf und ab dem siebten Tag spricht man von einer reifen Plaque. Innerhalb dieser Plaque befinden sich größtenteils lebende und abgestorbene Mikroorganismen und deren Stoffwechselprodukte sowie zu einem geringen Teil Speichelbestandteile und Wasser (vgl. Kramer 2004, S.48ff; Heinrich/Hoffmann 1997, S.212ff; Hirschberg 2005, S.434; Voß 2004, S.37). Je dicker die Plaque wird, desto mehr ist sie in der Lage, den pH-Wert nach zuckerhaltiger Nahrung abzusenken (vgl. Hirschberg 2005, S.434).

Die Plaque lässt sich im Unterschied zu den Speiseresten nicht durch bloßes Ausspülen des Mundes entfernen. Sie lässt sich nur mechanisch mit Hilfe der Zahnbürste oder professioneller Zahnreinigung entfernen. Die Plaquebeseitigung sollte in der Phase der jungen Plaque geschehen, denn je älter die Plaque wird, desto mehr nehmen die extrazellulären Polysaccharide zu und stabilisieren somit die Plaqueschicht. Dies erschwert die vollständige Plaqueentfernung und erfordert einen wesentlich höheren Zeitaufwand (vgl. Kramer 2004, S.50ff.; Heinrich/Hoffmann 1997, S.213). Bevorzugte Orte zur Ansammlung von Plaque sind „sog. Retentionsstellen (Schlupfwinkeln), die sich an Zahnzwischenräumen, in Grübchen und in Fissuren der Zähne befinden. An diesen Retentionsstellen entsteht häufig und sehr früh Karies (Prädilektionsstellen)" (Kramer 2004, S.49). Aus nicht entfernter Plaque, die sich oberhalb des Zahnfleischsaumes befindet, entsteht durch Einlagerungen von Kalksalzen aus dem Speichel Zahnstein (vgl. Kramer 2004, S.52; Heinrich/Hoffmann 1997, S.174). Der sich unter dem Zahnfleischsaum befindende Zahnstein wird Konkrement genannt und ist meist dunkel gefärbt (vgl. Hirschberg 2005, S.434).

---

[3] Extrazelluläre Polysacchride sind langkettige Zuckermoleküle.

2.4.2 Karies

Zahnkaries (Caries dentium), auch Mundfäule genannt, ist eine multikausale Erkrankung. Sie beschreibt einen unter Verfärbung verlaufenden Prozess der Zerstörung der Zahnhartsubtanz (Zahnschmelz, Dentin, Wurzelzement), der nur in seinen Anfangsstadien reversibel ist (vgl. Pieper/Momeni 2006, S.1003; Kramer 2004, S.21; Koch 2004, S.588). Karies entsteht durch das Zusammenspiel von vier Hauptfaktoren, die vereinfacht als ineinander greifende Kreise dargestellt werden (s. Abb. 6).

Abbildung 6   Karies verursachende Faktoren

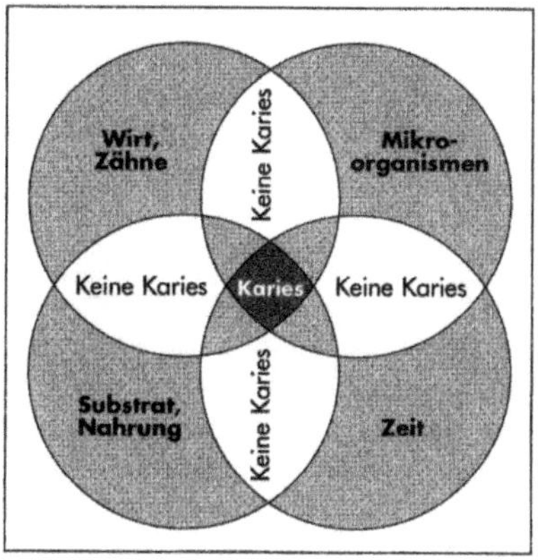

Quelle: Kramer 2004, S.27

Zunächst muss der **Zahn** (Wirt) vorhanden sein. An diesen können sich **Mikroorganismen** anheften (Plaque). Durch **Nährstoffe** (Substrat), die der Mensch mit der täglichen Nahrungsaufnahme zu sich nimmt, erhalten die Mikroorganismen ihre Lebensgrundlage. Bei einem Angebot an niedermolekularen Kohlenhydraten (Mono- und Disaccariden) produzieren sie organische Säuren. Des Weiteren muss **Zeit** vergehen, in der die Säuren auf die Zahnhartsubtanz einwirken und diese demineralisieren (vgl. Kramer 2004, S.27; Pieper/Momeni 2006, S.1003; Voß 2004, S. 38ff).

Kariöse Defekte sind somit beginnende Entkalkungsvorgänge außen an der Zahnhartsubstanz. Sie entstehen unter der Plaque. Die sich in der Plaque befindenden Mikroorganismen, vor allem die Art Streptococcus mutans, bauen in den Mundraum gelangten Zucker in ihrem Stoffwechsel ab und scheiden dabei organische Säuren (Milchsäure, Essigsäure, Ameisensäure) aus. Diese führen zu einer Herauslösung des Kalziums aus dem Schmelz. Die Demineralisation ist von dem pH-Wert in der bakteriellen Plaque abhängig. Liegt der pH-Wert unter 5,5, so werden die Schmelzkristalle aufgelöst. Zu Beginn erscheint die Schmelzkaries als weißer Fleck („white spot"). Zu diesem Zeitpunkt ist die Oberfläche der Zahnhartsubtanz noch intakt. In diesem Stadium kann die Karies noch ausheilen (Remineralisation) oder zumindest nicht weiter fortschreiten, wenn verschiedene Prophylaxemaßnahmen (z.B. gründliche Zahnpflege) durchgeführt werden. Je länger die Demineralisation fortbesteht, desto gelockerter wird die Kristallgitterstruktur des Zahnschmelzes, bis sie schließlich einbricht und die Oberfläche des Schmelzes ein Loch (Kavität) zeigt. Es erfolgt eine bräunliche Verfärbung. Der Defekt im Schmelz ist bei Sondierung weich und schmierig. Er muss mit zahnärztlichen Werkstoffen (Füllungen) repariert werden, da eine Remineralisation dann nicht mehr möglich ist (vgl. Kramer 2004, S.27ff; DAZ 2005, S.1; Imfeld 2008, S.69; Behrendt et al. 2002, S.603). Die bakterielle Plaque breitet sich in die Kavität aus und dringt somit immer weiter in das Zahninnere ein. Zu häufige zuckerhaltige Nahrung stellt für die Bakterien eine gute Ernährungsgrundlage dar, die den Prozess der Demineralisation beschleunigt. Im Dentin angelangt beginnt eine neue Phase. Da das Dentin einen größeren Anteil an organischen Stoffen besitzt, setzt es den demineralisierenden Säuren der Bakterien weniger Widerstand entgegen. Der kritische pH-Wert für die Demineralisation im Dentin liegt unterhalb von 6,5. Die Ausbreitung der Karies im Dentin wird durch die Dentinkanälchen erleichtert, indem sie Leitbahnen für die Bakterien darstellen und durch die organischen Substanzen des Dentins, die als Substrat für die Bakterien dienen. Mit fortschreitender Dentinkaries können die Bakterien auch in das Blut und damit zu anderen Organen gelangen. Unbehandelt schreitet die Karies entlang der Dentinkanälchen zur Pulpa weiter und führt schließlich zu einer Entzündung der Pulpa. Diese ist häufig mit starken Schmerzen verbunden und kann schließlich zum Gewebstod der Pulpa führen (vgl. Kramer 2004, S. 27ff; DAZ 2005, S.1; Voß 2004, S.38ff). Folgende Abbildungen (s. Abb. 7) verdeutlichen den Kariesprozess und zeigen zugleich wie Gingivitis und Parodontose verlaufen (siehe Kapitel 2.4.3).

Abbildung 7   Entstehung von Karies, Gingivitis und Parodontitis

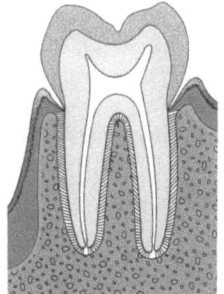 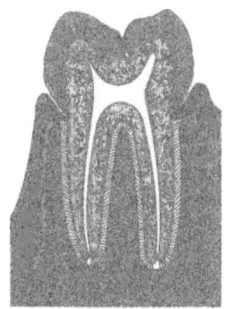 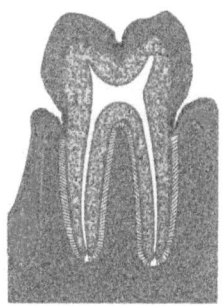

Plaquefreier gesunder Zahn mit gesundem Zahnfleisch. Das Zahnfleisch ist blassrosa. Es sind keine Entzündungszeichen wie Rötung, Blutung und Schwellung sichtbar.	Plaqueauflagerung, leichte Zahnfleischentzündung (Gingivitis) und beginnende Karies. Rötung und leichte Schwellung des Zahnfleisches, eine Blutung ist leichter auslösbar. Die Karies ist auf den Schmelz beschränkt.	Plaque-, Zahnstein- und Konkrementauflagerung. Die Entzündung hat das erste Drittel des Zahnhalteapparats erreicht (beginnende Parodontitis). Stärkerer Karieseinbruch bis in das Dentin hinein. Rötung und deutliche Schwellung des Zahnfleisches, leichte Blutung, geringer Knochenabbau.

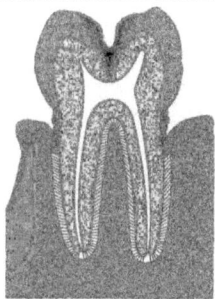 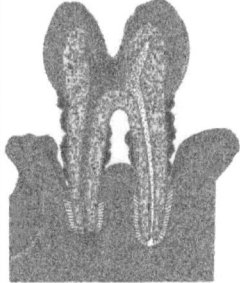

Plaqueauflagerung mit starker Zahnstein- und Konkrementbildung. Entzündung über das erste Drittel des Zahnhalteapparats hinausgehend. Der Karieseinbruch ist bis an die Zahnpulpa fortgeschritten. Deutliche Rötung und ödematöse Schwellung des Zahnfleisches, Blutung sehr leicht auslösbar, stärkerer Knochenabbau.	Hoffnungsloser Zustand. Plaqueauflagerung mit starker Zahnstein- und Konkrementbildung. Entzündung hat das letzte Drittel des Zahnhalteapparats erreicht. Der Karieseinbruch hat die Zahnpulpa erreicht. Die Zahnpulpa ist infiziert, an der Wurzelspitze zeigt sich ein Entzündungsherd.

Quelle: Kassenzahnärztliche Vereinigung Westfalen Lippe 1995, S.22-26

Exkurs: Speichel und Remineralisation

Dem Demineralisationsprozess der bakteriellen Plaque steht der Remineralisationsprozess entgegen. Die im Speichel vorhandenen Minerale und Substanzen (Kalzium, Phosphate, Hydroxylion) lagern sich kontinuierlich in den Schmelz solange dieser mit Speichel bedeckt ist und keine Plaque vorhanden, bzw. die Plaqueschicht nicht zu dick ist. Durch die Remineralisation können oberflächliche Schäden am Zahnschmelz wieder rückgängig gemacht werden, in dem Minerale im Schmelz das Hydroxylapatit bilden. Eine Fluoridzufuhr unterstützt den Remineralisationsprozess (vgl. Kramer 2004, S.30ff; Heinrich/Hoffmann 1997, S.231).

„Speichel ist eine wässrige Lösung von Mukopolysacchariden, mineralischen Salzen (Natrium, Phosphat, Kalium, Chlorid, Kalzium, Fluorid u. a.), Enzymen (z.B. Amylase), Antikörpern, Zucker, Bakterien und weiteren organischen Substanzen" (Kramer 2004, S.31). „Diese komplex aufgebaute Flüssigkeit schützt die Zähne gegen physikalische, chemische und mikrobielle Einflüsse" (Stegeman/Davis 2007, S.55). Aufgrund seiner Zusammensetzung besitzt der Speichel eine neutralisierende Wirkung (Pufferkapazität), die die Säurekonzentration auf der Zahnschmelzoberfläche verringert. Die neutralisierende Wirkung gilt für direkt in Nahrungsmitteln enthaltene Säuren, als auch für die als Stoffwechselprodukt der Bakterien entstandenen organischen Säuren (Stegeman/Davis 2007, S.55,495; Kramer 2004, S.31f). Pro Tag werden ca. 400 bis 1.500ml Speichel produziert (vgl. Hirschberg 2005, S.435). Tagsüber befinden sich im Mund im Wachzustand durchschnittlich 0,47ml Speichel pro Minute. Beim Essen steigert sich die durchschnittliche Sekretionsmenge auf 2,5ml Speichel. Dieser stimulierte Speichel enthält mehr Mineralionen und wirkt stärker remineralisierend. Im Gegensatz dazu beträgt die Sekretionsmenge während des Schlafs nur 1/10 der Sekretionsmenge während des Tages. Wird beispielsweise abends nach dem Zähneputzen noch etwas „Süßes" genascht, so wird aufgrund des sehr geringen Speichelflusses der Zucker nicht weggespült. Er steht somit den Bakterien in der Plaque zum Stoffwechsel zur Verfügung und begünstigt die Entstehung von Karies. So genannte Betthupferl abends nach dem Zähneputzen sind aus diesem Grund sehr schädlich für die Zähne (vgl. Kramer 2004, S.31f).

2.4.3 Erkrankungen des Parodonts

Zu den häufigsten Erkrankungen des Parodonts zählen Gingivitis, Parodontitis (s. auch Abb.7) und durch Verletzungen entstehende Veränderungen an Gingiva und am Parodont (vgl. Kramer 2004, S.21). Die **Gingivitis** ist eine Zahnfleischentzündung und die **Parodontitis** ist eine entzündliche Form der Zahnbetterkrankung. Ursache beider Erkrankungen ist die Bildung von Plaque in der Zahnfleischfurche (Sulkus), die zugleich eine Retentionsstelle darstellt. Wird die Plaque nicht entfernt, so kommt es zu einem Dickenwachstum der Plaque am Sulkus. Die Plaquebakterien und deren Toxine stellen für die Gingiva einen Reiz dar. Diese reagiert gegen den Reiz in Form einer Entzündung (**Gingivitis**) und verliert ihre Schutzfunktion als Barriere, in dem die Abdichtung gegen Einflüsse aus der Mundhöhle sowie die Haltefunktion für den Zahn verloren geht. Klinische Zeichen einer Gingivitis sind Schwellung, Rötung (dunkelrot bis lila) und Blutung der Gingiva. Der Patient empfindet bei Berührung Schmerzen und es kommt zu häufigem Zahnfleischbluten. Mittels häuslicher Mundhygienemittel (d.h. Zahnbürste mit Zahnpasta, Zahnseide etc.) kann die Plaque beseitigt werden. Durch die Entfernung der Plaque wird der Verursacher der Gingivitis entfernt. Die Gingivitis kann zurückgehen und eine vollständige Wiederausheilung kann erreicht werden. Dieser Zusammenhang muss dem Patienten bewusst gemacht werden, damit dieser trotz Schmerzen und Zahnfleischbluten seine Mundhygiene intensiviert und nicht davor zurückschreckt. Werden die entzündeten Stellen im Zahnfleisch beim Putzen vernachlässigt, so tritt eine Verschlimmerung ein. Aus der Gingivitis wird oftmals eine **Parodontitis** mit der Entzündung des gesamten Zahnbetts und der Bildung von Zahnfleischtaschen, die den Bakterien weiteren Lebensraum bieten. Die Entzündung schreitet immer weiter fort, so dass auch das Wurzelzement von Bakterien besiedelt wird. Die Wurzelhaut wird im Bereich der Zahnfleischtaschen zerstört und der Alveolarknochen wird abgebaut (vgl. Kramer 2004, S.22,43f; Voß 2004, S.42; Heinrich/Hoffmann 1997, S.284f; Mausberg 2006, S.1020ff). „Bei einer Parodontitis kommt es zu Gewebszerstörung durch Bakteriengifte und zu einem entzündlich bedingten Rückzug des Körpers, der sich vor den in der Plaque und am Zahn befindlichen Bakterien schützen will. Dieser Prozess führt zum Verlust des Zahnhalteapparats und damit zum Verlust des Zahnes" (Kramer 2004, S.44). Bei einer Parodontitis kann im Gegensatz zu einer Gingivitis keine Heilung im Sinne einer Wiederherstellung des früheren Zustandes erreicht werden (vgl. Kramer 2004, S.22). Die intensive Zahn- und Mundpflege durch den Patienten ist unabdingbar, da die bakterielle Plaqueschicht am Zahnfleischrand der allein auslösende Faktor einer Gingivitis und Parodontitis ist (vgl. Kramer 2004, S.44f; Ott 2006, S.1015).

2.5 Verbreitung der Karies

Die Epidemiologie der Karies befasst sich mit der Verteilung und Ausbreitung von Karies innerhalb der Bevölkerung. „Epidemiologische Untersuchungen zur Mundgesundheit liefern wichtige Grundlagen für die Planung der zahnmedizinischen Versorgung" (Pieper 2008, S.14).

2.5.1 Befallsmuster der Karies

Nur dort, wo sich Plaques entwickeln, können kariöse Läsionen (Verletzungen/Defekte) entstehen. Kariöse Defekte treten deshalb bevorzugt an Zahnoberflächen auf, die gewohnheitsmäßig nicht sauber sind. Die Sauberkeit der Zähne hängt entscheidend von ihrer äußeren Form ab (vgl. Pieper 2008, S.14). „Fissuren und Grübchen stellen aufgrund ihrer unregelmäßig geformten Furchen und ampullenförmigen Erweiterungen ein Retentionssystem dar, in dem sich leicht Plaque und Nahrungsmittel absetzen. Aufgrund fehlender Selbstreinigung und unmöglicher Zahnreinigung in der Tiefe der Fissur sind sie deshalb bei Kindern und Jugendlichen die Prädilektionsstellen für Karies" (Kassenzahnärztliche Vereinigung Westfalen-Lippe 1995, S.48). Die häufigste Karies bei Kindern ist die Karies an den Kauflächen der Backenzähne (vgl. Bürkle et al. 03/2006). Auch weitere Untersuchungen haben ergeben, dass die Kauflächen der Backenzähne die kürzeste Überlebensrate aller Zahnflächen besitzen. Die ersten Backenzähne werden durchschnittlich nach 3,9 Jahren kariös (vgl. Kühnisch et al. 2003, S.100).

„Prinzipiell spiegelt die Zahl der befallenen Zähne, die in einem bestimmten Alter festgestellt wird, die Schwere der kariösen Angriffe in der Vergangenheit wider" (Pieper 2008, S.14). Die Backenzähne im Unterkiefer sind generell karies anfälliger als die oberen und die Sechsjahrmolaren erkranken häufiger an Karies als die Zwölfjahrmolaren, sofern keine prophylaktischen Maßnahmen angewendet werden. Schneide- und Eckzähne weisen eine sehr geringe Kariesanfälligkeit auf. Entwickelt sich dennoch Karies an freien Glattflächen, so ist dies als Zeichen für ein hohes Kariesrisiko zu werten. Diese epidemiologischen Bilder werden genutzt, um Konsequenzen für die Planung von Prophylaxemaßnahmen zu treffen (vgl. Pieper 2008, S.14).

2.5.2 Der DMF-T- und DMF-S-Index

Damit epidemiologische Studien sinnvoll ausgewertet werden können, wird der Zustand der Zähne/ Gebisse quantitativ erfasst. Wissenschaftler in aller Welt benutzen dazu den **DMF-T-Index**. Die Buchstaben bedeuten: **D** = decayed (kariös zerstörte Zahnflächen), **M** = missing (aufgrund kariöser Zerstörung entfernte Zähne), **F** = filled (gefüllte Zahnflächen) und **T** = teeth (Zähne). Abgewandelt gilt dieser Index auch für das Milchgebiss. Zur Kennzeichnung werden kleine Buchstaben verwendet (**dmf-t**) (vgl. Pieper 2008, S.14; Kramer 2004, S.22). „Der DMF-T-Index bzw. dmf-t-Index ist der zahlenmäßige Ausdruck des Kariesbefalls an den bleibenden Zähnen bzw. den Milchzähnen. Er gibt die Summe der kariösen, fehlenden und gefüllten Zähne einer einzelnen Person oder die Durchschnittszahl einer Bevölkerungsgruppe wieder" (Kramer 2004, S.22f). Weil der einzelne Zahn als kleinste Beurteilungseinheit oftmals ein zu grobes Raster darstellt, wurde die Bewertung der einzelnen Zahnflächen eingeführt. Der **DMF-S-Index** (**S** = Surfaces (Zahnflächen)) ermöglicht genauere Aussagen über den kariösen Befall (vgl. Pieper 2008, S.15; Schiffner et al. 2006, S.94). Auch dieser Index gilt abgewandelt für das Milchgebiss (**dmf-s-Index**) (vgl. Kramer 2004, S.22).

Trotz der genaueren Erhebungen mittels dem DMF-S-Wert, gibt die WHO dem DMF-T Index aus Gründen der besseren Standardisierbarkeit unter verschiedensten Untersuchungsbedingungen und damit besserer Vergleichbarkeit besonderes Gewicht. Somit werden weltweit mehr Untersuchungen mit dem DMF-T-Index durchgeführt (vgl. Schiffner et al. 2006, S.94). Der höchste erreichbare Wert beim DMF-T-Index ist die Zahl 28 (28 Zähne im bleibenden Gebiss) und beim DMF-S-Index liegt das Maximum bei 128 (128 Zahnflächen). Die Weisheitszähne bleiben dabei unberücksichtigt (vgl. Kramer 2004, S.23).

2.5.3 Verbreitung in einzelnen Altersgruppen

Seit mehr als dreißig Jahren werden in Deutschland epidemiologische Studien zur Kariesverbreitung durchgeführt, allerdings liegen erst seit ca. 15 Jahren repräsentative Daten für Schulkinder vor. Zu diesen bundesweiten bevölkerungsrepräsentativen Studien zählen die Bestandsaufnahmen, die durch das Institut der Deutschen Zahnärzte (IDZ) in den Jahren 1989 und 1992 durchgeführt wurden. Im Jahr 1997 wurde vom IDZ erstmalig eine gesamtdeutsche Studie durchgeführt, die Dritte Deutsche Mundgesundheitsstudie (DMS III). Seit 2006 liegen auch die Ergebnisse der Vierten Deutschen Mundgesundheitsstudie (DMS IV) vom Jahre 2005 vor. Die Deutsche Arbeitsgemeinschaft für Jugendzahnpflege (DAJ) erhebt seit 1994 repräsentative Daten auf Bundesländerebene. In den Jahren 1994/1995, 1997 und 2000 fokussierten sich die Erhebungen auf die Sechs-/ Sieben-, Neun- und Zwölfjährigen. In der letzten Erhebung (DAJ 2004) wurden statt der Neunjährigen die 15-Jährigen einbezogen (vgl. Pieper 2008, S.16).

Im Folgenden wird die Verbreitung der Karies bei den Schulanfängern (Sechs- bis Siebenjährige) und anschließend bei den Neunjährigen vorgestellt. Danach wird auf den Kariesrückgang bei den Zwölfjährigen eingegangen und abschließend werden die Ergebnisse von den Fünfzehnjährigen präsentiert. Auf die stark wachsende Verbreitung der frühkindlichen Karies im Vorschulalter, insbesondere der Nuckelflaschenkaries, wird im Weiteren nicht eingegangen.

Sechs- bis Siebenjährige

Der Kariesrückgang bei den Schulanfängern in der Bundesrepublik Deutschland betrug in den letzten zehn Jahren (1994-2004) durchschnittlich 25,3% (siehe Abb.8). Im Jahre 1994 hatten die Sechs- bis Siebenjährigen im Durchschnitt 2,89 dmf-Zähne. 2004 lag dieser Wert bei 2,16. Derzeit haben 50% aller Erstklässler naturgesunde Gebisse. In Baden-Württemberg wurden die besten Ergebnisse verzeichnet. Hier haben 59,6% der Schulanfänger naturgesunde Gebisse (vgl. Küpper 2007, S.151; Pieper 2008, S.17). Der Behandlungsbedarf bei den übrigen Kindern ist aber umso größer, „denn der Anteil unbehandelter Milchzahnkaries lag zwischen 45,3% (Thüringen) und 60% (Rheinland-

Pfalz). Diese Daten unterstreichen die Notwendigkeit einer verstärkten Milchzahnbehandlung" (Pieper 2008, S.17).

Abbildung 8   **Mittlere dmf-t-Werte bei Sechs bis Siebenjährigen**

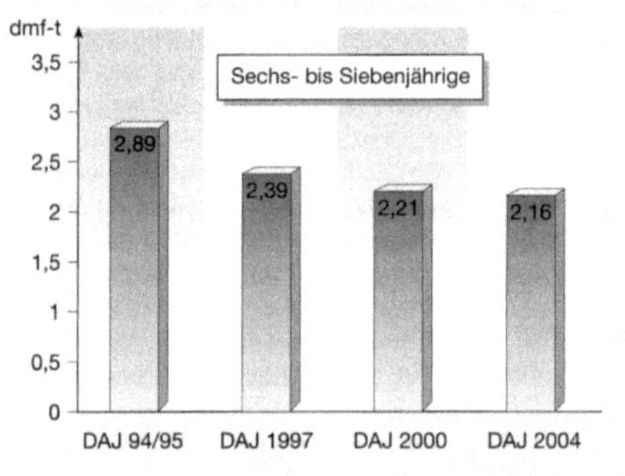

Quelle: Pieper 2008, S.17

Neunjährige

In dieser Altergruppe stehen repräsentative Daten bereits ab 1973 zur Verfügung. Aufgrund derselben Befundskriterien in den unterschiedlichen Studien (WHO, DMS-I, DAJ) dürfte der Kariesrückgang in dieser Altersgruppe in den letzten 20 Jahren ca. 85% betragen (s. Abb. 9). Wie die DAJ-Studien zeigten, war auch in den Jahren 1994 bis 2000 ein deutlicher Kariesrückgang zu verzeichnen. Während der mittlere DMF-T 1994 noch 0,98 betrug, lag er 2000 bei 0,45. Diese positive Entwicklung der Mundgesundheit ist auf die weite Verbreitung der Fissurenversiegelung zurückzuführen. Im Durchschnitt hatte jeder Neunjährige im Jahre 2000 1,8 bleibende Zähne versiegelt (vgl. Pieper 2008, S.17).

23

Abbildung 9   Mittlere DMF-T-Werte bei Neunjährigen

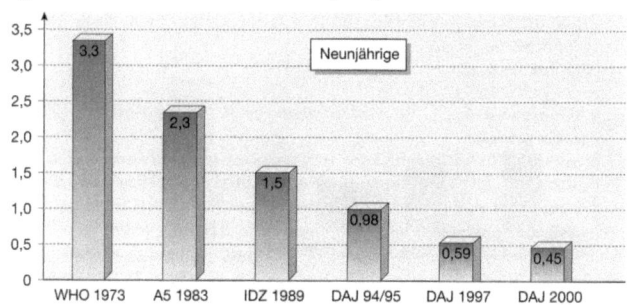

Quelle: Pieper 2008, S.17

Zwölfjährige

Erst seit 1994 wurden in der Bundesrepublik Deutschland repräsentative Erhebungen an zwölfjährigen Schülern durchgeführt. Besonders erfreulich ist der Kariesrückgang in dieser Altersgruppe von ca. 60% in den letzten zehn Jahren (s. Abb. 10). In diesem Zeitraum fiel der Kariesindex von 2,44 (1994) auf 0,98 (2004) (vgl. Küpper 2007, S.151; Pieper 2008, S.18). Bereits 1997 konnte in der DMS III für alle Zwölfjährigen bundesweit ein DMF-T von 1,7 nachgewiesen werden. Damit war das von der WHO im Jahre 1979 formulierte Gesundheitsziel für Zwölfjährige für das Jahr 2000 erreicht. Im Rahmen der DAJ-Studien wurden in den Schulen auch Kinder mit ausländischer Staatsbürgerschaft erfasst. Die DMS-Studien untersuchten dagegen ausschließlich die deutsche Bevölkerung. „Dies erklärt wahrscheinlich den niedrigen mittleren DMF-T [0,7], der im Jahr 2005 festgestellt wurde" (Pieper 2008, S.18). Weiterhin hatten im Jahre 2005 70,1% der Zwölfjährigen ein Gebiss ganz ohne Karieserfahrung (vgl. Kern et al. 2006, S.6). „Als wesentliche Ursachen für den Rückgang hat die DMS IV regelmäßige zahnärztliche Kontrolluntersuchungen und eine Zunahme der vorsorglichen Versiegelung der Kauflächen von Backenzähnen (Fissurenversiegelung) festgestellt" (Kern et al. 2006, S.6). Ebenso konnten Veränderungen im Mundhygieneverhalten und bei der Auswahl von Mundhygienehilfsmitteln beobachtet werden, als auch die Verwendung von fluoridhaltigem Speisesalz in den Haushalten (vgl. Schiffner 2006a, S.180). Die Studie für das Jahr 2005 ergab durchschnittlich 2,7 versiegelte Zähne bei Zwölfjährigen. Aktuelle Vorstellungen (WHO und FDI) zur Zahngesundheit Zwölfjähriger für das Jahr 2020 formulieren als Mundgesundheitsziel einen DMF-T von weniger als 1,0. Aus der DMS IV ist ersichtlich, dass dieses Ziel bereits erreicht wurde (vgl. Schiffner 2006a, S.166).

Abbildung 10   Mittlere DMF-T-Werte bei 12-Jährigen

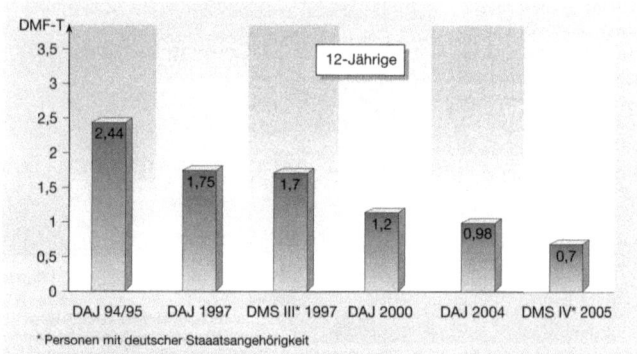

Quelle: Pieper 2008, S.18

Fünfzehnjährige

Diese Altersgruppe wurde im Rahmen der DAJ-Studie 2004 erstmalig untersucht. Für Deutschland insgesamt wurde ein mittlerer DMF-T von 2,05 für die Fünfzehnjährigen berechnet. Mecklenburg-Vorpommern stellte das Bundesland mit dem höchsten DMF-T- Mittelwert dar (2,9). Der niedrigste Wert (1,25) wurde in Baden-Württemberg festgestellt. Die DMS-IV- Studie von 2005 ergab einen mittleren DMF-T von 1,8 für die Fünfzehnjährigen mit deutscher Staatsbürgerschaft (vgl. Pieper 2008, S.19). 46 Prozent der Fünfzehnjährigen hatten ein völlig gesundes Gebiss ganz ohne Karies, Füllungen oder kariesbedingte Extraktionen (vgl. Kern et al. 2006, S.8) „Als wichtige erklärende Faktoren für den geringen Kariesbefall der 15-Jährigen können die Inderdentalhygiene sowie die Fissurenversiegelung ermittelt werden" (Schiffner 2006b, S.224) Allerdings bestätigt sich auch hier wie bereits in den anderen Altersgruppen die starke Polarisation der Karies: 26,8% der Jugendlichen weisen 79,2% aller DMF-Zähne ihrer Altersgruppe auf (vgl. Schiffner 2006b, S.216).

2.5.4   Risikogruppen

Kühnisch (1998, S.4) fasst zusammen: „Epidemiologische Untersuchungen zur Kariesverbreitung bei Kindern und Jugendlichen offenbaren neben dem Rückgang des Kariesbefalls und der Zunahme kariesfreier Kinder auch eine Konzentration von 70 bis 80% des Kariesbefalls auf 20 bis 30% aller Kinder. Diese Kinder werden aus epidemiologischer Sicht als Kariesrisiko-Patienten angesehen." Demnach konzentriert sich der höchste Kariesbefall auf eine geringe Anzahl von Patienten (vgl. Kühnisch 1998, S.5). Bereits vor mehr als 20 Jahren wurde auf den Zusammenhang von sozialen Faktoren und einem erhöhten Kariesbefall verwiesen. Kinder und Jugendliche aus unteren sozialen Schichten hatten im Vergleich zu Gleichaltrigen aus gehobenen Sozialschichten viel mehr Karies. Weiterhin wurde die soziale Komponente von Senkel und Heinrich-Weltzien im Jahr 1996 unterstrichen. Ihren Untersuchungen zufolge wiesen Hauptschüler wesentlich mehr DMF-Zähne auf als gleichaltrige Realschüler. Gleichaltrige Gymnasiasten hatten den niedrigsten DMF-T-Wert (vgl. Kühnisch 1998, S.6f). Die Studie von Kühnisch (1998, S.73) sowie die „Vergleichende Untersuchung zur Zahngesundheit von deutschen und ausländischen 8- bis 10-Jährigen des westfälischen Ennepe-Ruhr-Kreises" von Kühnisch et al. (2003, S.96) zeigten, dass vor allem Kinder aus Immigrantenfamilien eindeutig als Kariesrisikogruppe charakterisiert werden müssen. So wiesen ausländische Grund- und Hauptschüler deutlich mehr Kariesläsionen auf, als altersgleiche Realschüler bzw. Gymnasiasten. Der Kariesbefall bei Immigrantenkindern war somit zu den verschiedenen Untersuchungszeitpunkten signifikant höher als bei deren deutschen Altersgefährten.

Kramer (2004, S.24) bestätigt diese Risikogruppe: „Insbesondere zeigen Untersuchungen, dass in der Gruppe der Migranten aus Osteuropa, Afrika, dem Balkan und Vorderasien die Kariesprävalenz ca. 2,5-mal höher ist als bei der deutschstämmigen Bevölkerung". Viele der Zugezogenen (40%) sind unter 25 Jahren und werden nur unvollständig von der Prophylaxe erfasst. Der schwierige sozioökonomische Status der Migranten, ein anderer kultureller Hintergrund und die Ghettoisierung dieser Individuen werden als Gründe hierfür gesehen (vgl. Kramer 2004, S.24).

Auch neuere Studien (vgl. DAJ 2004, DMS IV 2005) belegen die „Schieflage in der Kariesverteilung". So weisen beispielsweise 10,2% der untersuchten Zwölfjährigen in der DMS IV von 2005 61,1% der Gesamtkarieserfahrung dieser Altersgruppe auf. Die Deutschen Mundgesundheitsstudien bestätigen, dass sich seit 1997 (DMS III) die Kariespolarisation verstärkt hat. Der enge Zusammenhang der sozialen Schichtung mit dem individuellen Erkrankungsrisiko hat sich weiter verfestigt: „Personen mit einem niedrigeren Bildungsstatus (als Indikator sozialer Schichtzugehörigkeit) verhalten sich weniger gesundheitsorientiert und leiden in höherem Maße an Erkrankungen" (Kern et al. 2006, S.18).

Zusammenfassend muss festgestellt werden, dass auch heutzutage trotz deutlicher Kariesreduktion nach wie vor Kinder und Jugendliche von Karies betroffen sind. „Dabei polarisiert sich die Karieshäufigkeit zunehmend, d.h. eine immer kleinere Gruppe vereinigt den größten Teil der erkrankten Zähne auf sich" (Schenk/Knopf 2007, S.653). Ziller und Oesterreich (2007,32) betonen, dass die sozialen Umfeldrisiken (geringe Bildung, niedriges Einkommen) dazu führen, „dass bspw. die Zahnkaries in Deutschland –

wie in vergleichbaren Industrieländern – sowohl regional als auch sozial ungleich verteilt ist. [...] Dieses sozialmedizinische Problem ist über alle Altersgruppen in unterschiedlicher Ausprägung vorhanden". Der Anteil der naturgesunden Gebisse von Kindern und Jugendlichen der Oberschicht liegt deutlich über denen der unteren sozialen Schicht (vgl. Ziller/Oesterreich 2007, S.32). Der Kariesbefall konzentriert sich auf Kinder und Jugendliche, die vor allem in sozialen Brennpunkten zu finden sind wie etwa Migranten, Kinder von Arbeitssuchenden, Kinder von Eltern mit niedriger Schulbildung etc. (vgl. Pieper/Momeni 2006, S.1009; Ziller/Oesterreich 2007, S.34).

2.5.5 Internationaler Vergleich

„Karies ist und war eine zu allen Zeiten und in allen Kulturen weltweit vorkommende Erkrankung. Allerdings ist die Prävalenz dieser Erkrankung in unterschiedlichen Gesellschaften höchst verschieden. So war die kariöse Zerstörung der Zähne lange Zeit ein in den Industrieländern beobachtetes Geschehen, während Gesellschaften ohne einfachen Zugang zu Saccharose nur geringe Kariesprävalenzen aufwiesen" (Schiffner 2006c, S.425). Die auf der Kenntnis der Kariesätiologie basierenden Umsetzungen von Prophylaxemaßnahmen haben deutliche Erfolge gezeigt.

Das WHO-Kollaborationszentrum in Malmö/Schweden führt eine Sammlung weltweiter Kariesdaten, die seit ihrer Gründung 1995 ständig erweitert und aktualisiert werden (vgl. Schiffner 2006c, S.425). Die folgende Tabelle (s. Tab. 1) wurde vom IDZ im Jahr 2008 zusammengestellt und enthält eine Übersicht über den Kariesbefall bei Zwölfjährigen in Europa und Nordamerika.

Tabelle 1 **Kariesbefall bei Jugendlichen** (12-jährige) in Europa und Nordamerika

Land	Jahr	DMFT*	
Belgien	2001	1,1	
Dänemark	2006	0,8	
Deutschland	2005	0,7	
Finnland	2000	1,2	
Frankreich	2006	1,2	
Griechenland	2000	2,2	(Attica)
Großbritannien	2004/05	0,7	(11-Jährige)
Irland	2002	1,1 - 1,3	
Italien	2004	1,1	
Kanada	1996/97	2,1	(Quebec)
Niederlande	2002	0,8	(Den Haag)
Norwegen	2004	1,7	
Österreich	2002	1,0	
Polen	2000	3,8	
Portugal	1999	1,5	
Russland	1996/98	2,9	
Schweden	2005	1,0	
Schweiz	2004	0,9	(Kant. Zürich)
Slovenien	1998	1,8	
Slowakische Republik	1998	4,3	
Spanien	2000	1,1	
Tschechische Republik	2002	2,5	
Ungarn	2001	3,3	
USA	1999/2004	1,2	
Weißrussland	2000	2,7	

Quelle: WHO Oral Health Country/ Area Profile Progamme, CAPP pages 28.Februar, 2008 (zusammengestellt: IDZ, 2008); http://www.bzaek.de/list/presse/datenfakten/10kariesjugendliche.pdf (15.06.08)

Die WHO hat für zwölfjährige Kinder Kategorien des Kariesbefalls definiert (DMF-T: < 1,2/sehr niedrig; 1,2-2,6/niedrig; 2,7-4,4/moderat; 4,5-6,5/hoch; > 6,5/sehr hoch). Unter den Industrieländern nimmt Deutschland mit einem DMF-T-Wert von 0,7 eine Spitzenposition ein. Lange Zeit vorher wurde Deutschland der Gruppe „moderater Kariesbefall" zugeordnet. Erst mit der DMS III kam es zu einer Eingruppierung in die Kategorie „niedriger Kariesbefall". Mit den durch die DMS IV vorgelegten Daten ist der Kariesbefall in Deutschland nun der Kategorie „sehr niedrig" zuzuordnen. Diese positive Entwicklung ist auf die Erfolge der Kariesprophylaxe zurückzuführen (vgl. Schiffner 2006c, S.426ff). Des Weiteren ist aus der Tabelle 1 ersichtlich, dass fünf Länder der Kategorie „moderater Kariesbefall" zugeordnet werden müssen. Dies sind Polen, Russland, die Slowakische Republik, Ungarn und Weißrussland. Hier muss zukünftig noch verstärkt an Prophylaxemaßnahmen gearbeitet werden.

2.6 Zusammenfassung

Die Zähne und der Zahnhalteapparat besitzen einen komplexen Aufbau und sind von grundlegender Bedeutung für die Gesundheit und das Wohlbefinden sowie das Selbstwertgefühl eines jeden Menschen. Leider ist in Deutschland bereits das „Durchschnittskind" sowie die Mehrzahl der Jugendlichen und Erwachsenen an Karies und/ oder Parodontitis erkrankt. Die Zahngesundheit bei Kindern und Jugendlichen hat sich glücklicherweise in den letzten dreißig Jahren auffallend verbessert (vgl. DAJ 2004 und DMS IV 2005), dagegen ist aber eine zunehmende Kariespolarisation zu beobachten. Prophylaktische Maßnahmen (vgl. drittes Kapitel) wie beispielsweise die gewissenhafte und richtige Mundhygiene und die regelmäßige Fluoridzufuhr haben zu dieser positiven Entwicklung beigetragen. Allerdings muss der Risikogruppe in Zukunft noch mehr Aufmerksamkeit geschenkt werden, damit auch diese von den prophylaktischen Maßnahmen profitieren. Und es muss beachtet werden, dass Prophylaxemaßnahmen bereits ab dem ersten Milchzahn sehr wichtig sind, um Erkrankungen an den Zähnen und dem Zahnhalteapparat sowie weiteren negativen Entwicklungen vorzubeugen.

3 Prophylaxemaßnahmen

„Prophylaxe bedeutet Vorbeugung von Erkrankungen. Dies ist nur möglich, wenn die Ursache einer Erkrankung bekannt ist. Die Vorbeugung ist somit möglich durch die Ausschaltung bzw. Minderung der ursächlichen und der beeinflussenden Faktoren und durch die Erhöhung der Widerstandsfähigkeit des gefährdeten Gewebes (Zahn, Parodont)" (Kramer 2004, S. 61).

3.1 Vier Säulen der Zahngesundheit

Die Entstehung von Karies und weitere Erkrankungen des Zahnhalteapparats sind auf vier Hauptfaktoren zurückzuführen: Zahn (Wirt), Mikroorganismen in der Plaque, Substrat als Lebensgrundlage für die Mikroorganismen und Zeit, in der die schädlichen Gärungsstoffe der Bakterien auf die Zähne, bzw. auf den Zahnhalteapparat einwirken. Vorbeugung ist nichts anderes als ein frühzeitiges Einwirken auf diese Faktoren. Für die Gesunderhaltung der Zähne und des Parodonts sind vier Faktoren entscheidend, die im Folgenden dargestellt werden. In verschiedener Literatur werden diese Faktoren als die vier Säulen der Zahngesundheit bezeichnet (s. Abb. 11) (vgl. Kramer 2004, S.62; aid 2006, S.10).

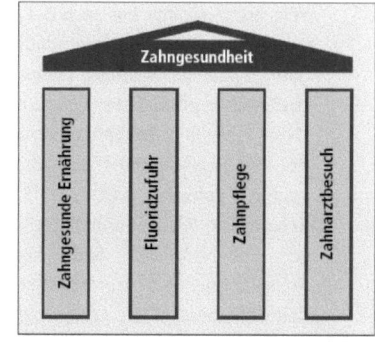

Abbildung 11   Vier Säulen der Zahngesundheit

Quelle: aid 2006, S.10

3.1.1 Ernährung

Eine Voraussetzung für gesunde Zähne ist vollwertiges Essen und Trinken, da über die Nahrung Zähne und Zahnfleisch mit wichtigen Mineralien zur Mineralisierung und Festigung versorgt werden. Von besonderer Bedeutung für Knochen und Zähne sind vor allem die Mineralstoffe Kalzium, Phosphor, Fluorid und Eisen sowie Vitamine (besonders Vitamin D) und Spurenelemente (vgl. aid 2006, S.10; Voß 2004, S.43; Kramer 2004, S.62,65f). Nahrung nimmt nicht nur lokal in direktem Kontakt mit dem Zahn oder lokal über die Mikroorganismen der Plaque auf den Zahn Einfluss, sondern beeinflusst auch enteral über den Stoffwechsel (auf den Darm bezogen) die Zahngesundheit. Die enterale Wirkung ist wichtig für die Bildung und Strukturierung des Zahnschmelzes, die nur während der Schmelzbildung der Milchzahnkronen im 4. bis zum 9. Schwangerschaftsmonat und für die Kronen des Dauergebisses stattfindet. Für die Bildung der Kronen der bleibenden Zähne ist aus diesem Grund besonders für Kinder bis zum 12. Lebensjahr eine gesunde, vitamin- und mineralstoffreiche Ernährung entscheidend (vgl. Kramer 2004, S. 68). „Ausschlaggebend für eine optimale Bildung und Strukturierung des Zahnschmelzes sind u.a. Kalzium und Phosphor (u.a. in Milch und Milchprodukten, Ei, Fleisch, Blattgemüse, Obst) und Vitamin D (u.a. in Leber, Fisch, Milchprodukten, Ei; Vitamin D steuert den Kalziumstoffwechsel). Kinder sollen z.b. täglich mindestens ¼ bis ½ Liter Milch zur Deckung des Kaliziumsbedarfs trinken" (Kramer 2004,S. 68). Starker Mangel an diesen Stoffen stört die Schmelzbildung und kann „zu einem strukturell minderwertigen [...], weniger säureresistenten Schmelz führen" (Kramer 2004, S.68).

Wie oben erwähnt hat auch der direkte Kontakt der Nahrung mit dem Zahn auf diesen Auswirkungen. Die Zahngesundheit wird durch die Konsistenz, die Temperatur und den Säuregehalt der Nahrung beeinflusst. Durch kauerzwingende, harte Nahrung (ballaststoffreiche, pflanzliche Lebensmittel wie Vollkornbrot, Gemüserohkost und frisches Obst) wird die zahnschützende Speichelproduktion angeregt, sowie die Selbstreinigung des Kauorgans erhöht und die Entwicklung von Kieferknochen und Kaumuskeln zugleich gefördert (vgl. aid 2006, S.10; Kramer 2004, S.68f; Voß 2004, S.43). Eine Schädigung des Zahnschmelzes kann allerdings durch extreme thermische Reize (z.B. sehr kalte oder sehr heiße Nahrung) verursacht werden, indem kleinste Risse im Schmelz entstehen. Ein häufiger Verzehr von säurehaltigen Speisen wie Zitrusfrüchten (Zitronensäure), Sauerkraut, Joghurt (Milchsäure) u.a. kann zu Erosionen führen. Dabei wird der Schmelz durch diese Säuren oberflächlich demineralisiert und abgelöst. Das Kauen eines zuckerfreien Kaugummis nach dem Verzehr von säurehaltigen Speisen verstärkt die neutralisierende Wirkung des Speichels und kann darum sehr empfohlen werden (vgl. Kramer 2004, S.68f).

Weiterhin verringert eine zuckerarme und vollwertige Ernährung das Risiko für Plaques, Zahn- und Zahnfleischerkrankungen. Die in der Nahrung vorhandenen Kohlehydrate, insbesondere die niedermolekularen Kohlenhydrate (Mono- und Disaccharide) sind der ausschlaggebende Faktor für die Säurebildung in der bakteriellen Plaque und für die Entstehung von Karies. Die Zucker (Einfach- und Doppelzucker) bilden das „Futter" für die Mikroorganismen (vgl. Kramer 2004, S.69f; Imfeld 2008, S.70). Bei häufigem Verzehr sind sie „auch stark demineralisierend und damit besonders kariogen (kariesauslösend)" (Imfeld 2008, S.70). Der Doppelzucker **Saccharose** hat eine Schlüsselrolle bei der Entstehung von Karies. „Die Ursachen dafür sind ihre leichte Löslichkeit, ihr schnelles Durchwandern der Plaque als niedermolekulares Kohlenhydrat bis zur Schmelzoberfläche, der direkte und schnelle Verbrauch durch die Bakterien (Säurebildung durch Vergärung) und die Bildung eines Vorrats intrazelluläre Polysaccharide[4] (IPS)" (Kramer 2004, S.71; vgl. Imfeld 2008, S.70). Jeder Verzehr von zuckerhaltigen Nahrungsmitteln führt zu einer Säurebildung, wenn Plaque vorhanden ist. Sowohl internationale Studien, als auch Experimente an Ratten belegen, dass nicht die Menge der zuckerhaltigen Speisen entscheidend ist, sondern die Häufigkeit des Verzehrs, aber auch die Klebrigkeit zuckerhaltiger Nahrung (z.B. klebrige Bonbons, gefüllte Schokolade, Honiglutscher, süße Backwaren, etc.) (vgl. Kramer 2004, S.71; Voß 2004, S.43; Wiedemann 1996, S.55f; Stegeman/Davis 2007, S.500f; Ott 2006, S.1012). „Ihr Genuss zu den Hauptmahlzeiten ist weniger gefährlich als zwischen den Mahlzeiten (wenig Kauarbeit, wenig Speichel, meistens keine Reinigung und die auf diese Weise leicht mögliche kurzfristige Wiederholung des Säureangriffs" (Kramer 2004, S.71).

Ein Problem für die Verbraucher, insbesondere für Kinder und Jugendliche, stellen die vielen „versteckten Zucker" in Nahrungsmitteln dar. Nahrungsmittel wie Kartoffelchips, Salzstangen, Müsli-Fruchtschnitten u.a. werden nicht als süß empfunden oder als ungesund angesehen. Zu dem werden viele Riegel (z.b. die Milchschnitte) von den Herstellern als besonders gesund und als sehr wichtig für die Zwischenmahlzeit beworben, obwohl auch diese einen hohen Gehalt an vergärbaren Zuckern und damit ein vergleichsweise hohes kariogenes Potential haben (vgl. Ott 2006, S.1013).

Da die Geschmacksqualität „süß" am wenigsten reizempfindlich ist und daher bei Jung und Alt beliebt ist, macht es keinen Sinn das Bedürfnis nach Süßem radikal und drastisch zu verbieten (vgl. aid 2006, S.13; Kramer 2004, S.72; Wiedemann 1996, S.56). Süße Nahrungsmittel und Getränke sollten aus diesem Grund auf ein vernünftiges Maß reduziert werden und nur dann konsumiert werden, wenn unmittelbar danach die Zähne geputzt werden können (vgl. Kramer 2004, S.79). Noch besser ist es, Süßigkeiten zu den Hauptmahlzeiten einzunehmen und für die Zwischenmahlzeiten knackiges Obst und Gemüse zu bevorzugen (vgl. Ott 2006, S.1012ff).

Exkurs: Süßungsmittel

Neben Zuckern (Mono- und Disaccharide) gibt es unter den Süßungsmitteln noch zwei weitere Gruppen: Süßstoffe, Zuckeraustauschstoffe (s. Abb. 12).

---

[4] Intrazelluläre Polysacchaaride: Plaquebakterien bilden aus den aufgenommen Einfach- und Doppelzuckern im Inneren ihrer Zelle Polysaccharide. Diese stellen einen Speichervorrat dar, die in Zeiten schlechteren Substratangebots als Reserve dienen (vgl. Kramer 2004, S.51).

Abbildung 12   Süßungsmittel

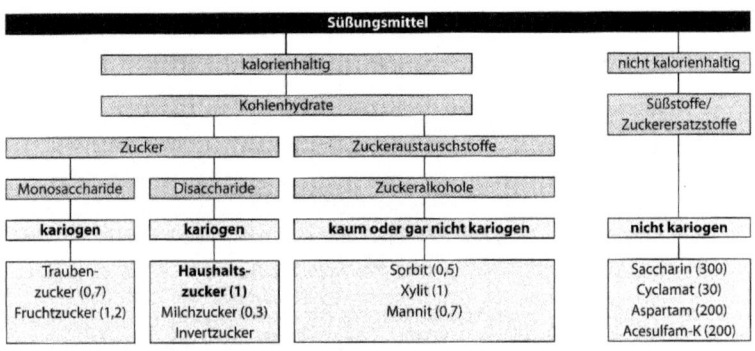

Die Süßkraft der oben genannten häufig verwendeten Süßungsmittel ist in Klammern angegeben. Sie wird in Relation zur Süßkraft des **Haushaltszuckers (1)** bewertet.

Quelle: Pommerenke et al. 2004, S.49

Die meisten **Süßstoffe** werden chemisch hergestellt. Zu den Süßstoffen zählen u.a. das kalorienfreie Saccharin, ebenfalls kalorienfreie Cyclamat und das kalorienarme Aspartam. Saccharin hat beispielsweise eine 40fache Süßkraft gegenüber dem Haushaltszucker Saccharose. Alle Süßstoffe sind nicht kariogen. Wegen ihrer sehr hohen Süßkraft ist die Dosierung schwierig und in der Verwendung beschränkt. Süßstoffe werden vor allem in Getränken verarbeitet (vgl. Kramer 2004, S.74; Voß 2004, S.45; aid 2006, S.16). Für den Haushalt sind Süßstoffe als Tablette, Pulver oder in flüssiger Form zum Süßen von Getränken und (Dessert-)Speisen geeignet (vgl. aid 2006, S.16).

Zuckeraustauschstoffe werden für die Produktion von zahnfreundlichen Süßigkeiten wie Bonbons, Kaugummis und diätetischen Lebensmitteln verwendet. Zuckeraustauschstoffe (chemische Zuckeralkohole) sind natürlichen Ursprungs, d.h. sie kommen im tierischen, pflanzlichen und menschlichen Organismus vor. Häufig verwendete Zuckeraustauschstoffe sind Sorbit, Mannit und Xylit. Bei einem übermäßigen Verzehr besitzen sie allerdings eine abführende Wirkung, die besonders leicht bei Kindern einsetzt. Xylit ist der einzige Zuckeraustauschstoff, der wirklich nicht kariogen und zugleich noch karieshemmend ist. Er wird besonders oft zum Süßen in Zahnpasten und Kaugummis verwendet (vgl. aid 2006, S.17; Kramer 2004, S.75; Stegeman/Davis 2007, S.73; Voß 2004, S.45f).

Seit mehreren Jahren gibt es zahnfreundliche Süßwaren. Diese sind mit dem Markenzeichen **„Zahnmännchen mit Schirm"** gekennzeichnet (s. Abb. 13). Süßwaren sind nur dann zahnfreundlich, wenn während und bis zu 30 Minuten nach dem Verzehr der pH-Wert in der Plaque nicht unter 5,7 sinkt. Zur Süßung werden anstelle von Mono- und Disacchariden Zuckeraustauschstoffe und Süßstoffe verwendet (vgl. aid 2006, S.17; Kramer 2004, S.73). Im Jahr 1985 wurde in Deutschland nach Schweizer Vorbild die **Aktion zahnfreundlich e.V.** gegründet. Zahnmediziner, Produzenten von Zuckeraustauschstoffen und Hersteller von zahnfreundlichen Süßwaren arbeiten zusammen, „um ein gebissgesundes Ernährungsverhalten der Bevölkerung zu fördern" (Pommerenke et al. 2004, S.50).

Abbildung 13   Zahnmännchen mit Schirm

Quelle: aid 2006, S.17

Fazit: Der Verzehr von Nahrungsmitteln, die Zuckeraustauschstoffe und/ oder Süßstoffe enthalten, stellt jedoch nur in Einzelfällen eine Alternative dar. Süßstoffe sollten insbesondere in der Kinderernährung nur eine Ausnahme bilden, da es „noch keine wissenschaftlich gesicherte, gesundheitlich akzeptable tägliche Süßstoffmenge" (aid 2006, S.16) gibt und der Süßstoff ebenfalls wie Zucker die Vorliebe für Süßes fördert (vgl. aid 2006, S.16f). Besser ist es, eine gute und zahngesunde Einstellung zur Ernährung zu bilden und diese umzusetzen. Die Ernährungslenkung stellt sich als ein sehr schwieriger Faktor bei der Prophylaxe dar, da insbesondere erwachsene Menschen von ihren Gewohnheiten gelenkt werden und in der Vorbildfunktion ihre Kinder beeinflussen (vgl. Kramer 2004, S.78f; Voß 2004, S.46). Die Schule (Grundschule und weiterführende Schule) kann an dieser Stelle Kindern und Jugendlichen nur Empfehlungen und Ratschläge zur (zahn)gesunden Ernährung geben und sie frühzeitig auf Zahnerkrankungen sensibilisieren. Kinder und Jugendliche „sollen das Gefühl haben, auf diesem Gebiet mehr zu wissen als viele Erwachsene" (Kramer 2004, S.79).

3.1.2   Zahnpflege

Die gewissenhafte Zahnpflege hat die Plaqueentfernung von allen Zahnflächen zum Ziel (vgl. Kramer 2004, S.62). Nach Wiedemann (1996, S.56) „gilt allgemein als anerkannt, dass optimale Mundhygiene mit einer Zahnbürste die Entstehung einer Gingivitis oder Parodontitis weitgehend verhindern oder zumindest kontrollieren kann". Aus heutiger wissenschaftlicher Sicht steht auch fest, dass die Reinigung des Gebisses mit einer Zahnbürste die Entstehung von Karies beeinflusst, da nur saubere – von Nahrungsresten und Plaque befreite – Zähne selten Karies entwickeln (vgl. aid 2006, S.21; Kramer 2004, S.81f; Bartsch et al. 1992, S.10f). „Die mechanische Plaquekontrolle durch Zahnbürsten, Zahnputztechniken, Zahnpasten und Interdentalhygiene ist und bleibt die wichtigste Form der Plaquekontrolle. [...] Vom Kleinkind bis zum Greis ist jeder Patient davon betroffen, seien es Milchzähne oder die totale Prothese, überall findet Plaquebildung statt, und die mechanische Entfernung mittels Bürsten ist nötig" (Kramer 2004, S.62,81). Nach Bartsch et al. (1992, S.10) ist Gebisspflege immer Zahn-, Zahnsaum- und Zahnfleischpflege zugleich. Durch die richtige Gebisspflege werden die sich an den Zähnen befindenden Speisereste entfernt, die Menge der Mikroorganismen reduziert und somit eine längere Einwirkungszeit der Säuren verhindert. Weiterhin wird durch die Zahn- und Mundpflege die Durchblutung des Zahnfleisches durch Massage gefördert (vgl. auch Voß 2004, S.46).

Für eine effektive mechanische Reinigung benötigt man eine altersgerechte Zahnbürste. Auf dem Markt ist eine Vielzahl von Zahnbürsten vorhanden. Bartsch et al. (2003, S.15) empfiehlt für Kinder eine Zahnbürste mit abgerundeten, mittelharten Kunststoffborsten und kleinem, schmalen Kopf. Dieser sollte max. 2,5cm lang sein, damit die Reinigung schwer zugänglicher Zahnflächen (z.B. hintere Backenzähne) nicht erschwert wird. Allgemein sollten Zahnbürsten mit abgerundeten Kunststoffborsten bevorzugt werden. Naturborsten sollten nicht verwendet werden, da sie scharfkantig und hohl sind und zudem Bakterien einen Nährboden bieten. Beim Kauf einer Zahnbürste ist auch auf den Härtegrad der Borsten zu achten. Harte Bürsten sollten heute nicht mehr verwendet werden, weil sie bei längerer Anwendung Zahn und Zahnfleisch schädigen (vgl. aid 2006, S.21; Kramer 2004, S.82ff; Bartsch et al. 1992, S.12). Neben der mechanischen Zahnbürste gibt es auch die elektrische Bürste. Diese regt bei Kindern oft den Spieltrieb an und motiviert sie somit zu einer längeren Putzzeit (vgl. Bartsch et al. 1992, S.13; Bartsch et al. 2003, S.15; Kramer 2004, S.84f). Grundsätzlich gilt: „Die beste Zahnbürste ist die, die in passender Größe häufig und richtig benutzt wird. Zweitrangig sind die Gestaltung des Stiels oder die unterschiedliche Anordnung der Borsten" (Kramer 2004, S.85). Für den Putzerfolg (gründliche Plaqueentfernung) sind das sorgfältige, zum richtigen Zeitpunkt durchgeführte Bürsten und die Anwendung einer richtigen Technik bedeutsam (vgl. Bartsch et al. 2003, S.15).

Bei Kleinkindern hat sich die **KAI**-Methode bewährt. Sie entspricht weitestgehend den motorischen Fähigkeiten eines Kleinkindes. Zuerst werden die besonders kariesanfälligen **K**auflächen gründlich gebürstet. Anschließend werden bei geschlossenen Zahnreihen die **A**ußenflächen in kleinen Kreisbewegungen und zuletzt die **I**nnenflächen von Rot nach Weiß (vom Zahnfleisch zur Zahnkrone) gereinigt (vgl. aid 2006, S.23; Bartsch et al. 2003, S.15; Kramer 2004, S.89). Ab dem 12. Lebensjahr sind die meisten Kinder feinmotorisch dazu in der Lage die **BASS**-Methode zu erlernen. Auch für Erwachsene empfiehlt es sich nach dieser Methode die Zähne zu säubern. Hierbei wird die Zahnbürste in einem Winkel von 45 Grad an die Außenfläche der Zähne angesetzt. Der Bürstenkopf wird mit kleinen Rüttelbewegungen an den Zahn bewegt. Pro Zahn werden ca. zehn Rüttelbewegungen durchgeführt. Diese Rüttelbewegung wird auch an den Kau-

und Innenflächen der Zähne durchgeführt. Somit wird jeder einzelne Zahn vom Zahnfleischrand aus gereinigt (vgl. aid 2006, S.23f; Kramer 2004, S.87; Pommerenke et al.
2004, S.45f). Zu beachten ist allerdings, egal nach welcher Methode die Zähne geputzt
werden, dass nie zu viel Druck auf die Zähne ausgeübt wird. Eine zu hohe Bürstkraft
verursacht nachweislich Defekte an der Zahnhartsubstanz und Schäden am Zahnfleisch
(vgl. Kramer 2004, S.91).

Idealerweise sollte das Gebiss nach jeder Mahlzeit gereinigt werden. Nahrungsreste
würden sofort entfernt werden, so dass Mikroorganismen kein Substrat zur Vergärung
zur Verfügung stehen würde (vgl. Bartsch et al. 1992, S.15; Kramer 2004, S.81). Die
früher übliche Empfehlung: „2 x täglich Zähneputzen", wurde überholt. Heute muss
ganz deutlich gemacht werden, „daß möglichst sofort nach jeder Mahlzeit zu putzen ist,
besonders aber dann, wenn zuckerhaltige Speisen und Getränke eingenommen wurden"
(Bartsch et al. 2003, S.12). Besteht jedoch keine Möglichkeit zum Zähneputzen, so sollte der Mundraum gründlich ausgespült, bzw. ein zuckerfreies Kaugummi gekaut werden, das die Selbstreinigung des Gebisses durch die vermehrte Speichelproduktion unterstützt (vgl. Bartsch et al. 2003, S.12; Kramer 2004, S.81).

Bei optimal durchgeführter Putztechnik werden alle drei Flächen eines Zahns gereinigt.
Der Interdentalraum[5] lässt sich dagegen nur mit weiteren Instrumenten von der Plaque
säubern. Als Hilfsmittel eignen sich Zahnseide, Interdentalbürstchen und medizinische
Zahnhölzer. Diese zusätzliche Form der Mundhygiene ist von großer Bedeutung bei
Kariesläsionen in Zahnzwischenräumen, bei Parodontalerkrankungen (Gingivitis und
Parodontitis) und bei festsitzenden kieferorthopädischen Apparaturen (vgl. Kramer
2004, S.91).

Mundduschen und Wasserstrahlgeräte gehören nicht zu den Hilfsmitteln, mit denen sich
Plaques entfernen lassen, da sie nur Speisereste und lockere Beläge von den Zähnen spü-
len (vgl. Kramer 2004, S.102; aid 2006, S.24). Neben der mechanischen Plaqueentfernung ist die Anwendung von chemischen Mitteln von besonderer Bedeutung. Diese
Mittel wirken bakterientötend und verhindern somit die Plaqueentstehung. Das etablier-
teste und nachgewiesenermaßen wirkungsvollste Antiplaque- und Antigingivitismittel
ist der Wirkstoff Chlorhexidin. Er ist in Mundspüllösungen, Gelen und Lacken enthalten. Aufgrund seiner starken Nebenwirkungen (Verfärbungen von Zähnen und Schleim-
häuten u.a.) ist die Anwendung beschränkt einsetzbar (vgl. Kramer 2004, S.97ff).

---

[5] Interdentalraum: Zahnzwischenraum

3.1.3 Fluoride

3.1.3.1 Vorkommen der Fluoride

Fluorid ist ein Spurenelement, das in Boden, Luft und Wasser vorkommt und Teil des pflanzlichen und tierischen Nahrungskreislaufs ist (vgl. Strippel 2005, S.36). In größeren Mengen findet man Fluorid in Meeresfischen, Meeresfrüchten, rohem Meersalz, bestimmten Wurst- und Fleischwaren, in einigen Mineralwässern und in schwarzem Tee. Weiterhin findet man einen besonders hohen Gehalt von Fluorid in Trinkwässern vulkanischer Gebiete. Geringere Gehalte finden sich dagegen in fast jedem Trinkwasser (vgl. Kramer 2004, S.103; Pommerenke et al. 2004, S.46; Voß 2004, S.48). Fluorid ist ein lebensnotwendiger Spurenstoff, der zum Aufbau und Erhalt der Zähne und des Skeletts benötigt wird. Über die Nahrungsaufnahme und durch das Trinkwasser wird Fluorid natürlich aufgenommen und befindet sich somit in den Körperflüssigkeiten (Blutplasma und Speichel) und mit relativ hohem Anteil (99%) in den Knochen und in den Zähnen (vgl. Kramer 2004, S.103; Bartsch et al. 1992, S.18, Pommerenke et al. 2004, S.46). Zähne und Knochen erhalten durch Fluorid ihre Härte und Widerstandsfähigkeit. Über die Nahrung aufgenommenes, aber nicht eingelagertes Fluorid wird zum großen Teil mit dem Urin ausgeschieden. Über Nahrungsmittel wird die für die für Knochenbildung und Stoffwechselvorgänge benötigte Menge Fluorid aufgenommen (vgl. Pommerenke et al. 2004, S.46f). „Für eine wirksame Kariesprophylaxe reicht sie jedoch nicht aus. Deshalb gibt es Möglichkeiten für die zusätzliche Fluoridzufuhr" (Pommerenke et al. 2004, S.47).

3.1.3.2 Wirkung von Fluoriden

Eine kontinuierliche Fluoridanwendung ist die wichtigste kariesprophylaktische Maßnahme. Die kariespräventive Wirkung ist vielfach bewiesen worden (vgl. Strippel 2005, S.36; Gülzow et al. 03/2006). Fluoride werden in verschiedenen Darreichungsformen (z.B. fluoridierte Zahnpasta, Fluoridtabletten, Fluoridlacke, usw.) angewendet. Die regelmäßige Fluoridzufuhr erhält dauerhaft die Qualität des Zahnschmelzes. Bei der Fluoridierung unterscheidet man die innerlichen, systemischen und die äußerlich, lokal eingesetzten Maßnahmen, die sich in ihrer Wirkweise ergänzen. Bei der systemischen Fluoridierung werden die Fluoride über den Magen-Darm-Trakt aufgenommen und über die Blutbahnen zum Zahn transportiert, wo sie den hartsubstanzbildenen Geweben während der Zahnbildung zur Verfügung gestellt werden (vgl. Kramer 2004, S.104f; Heinrich/Hoffmann 1997, S.232f). Früher wurde der systemischen Fluoridwirkung eine große Bedeutung beigemessen. Heute wird die entscheidende lokale Wirkung von Fluoriden beim Remineralisationsprozess im Zahnschmelz und im Dentin betont (vgl. Kramer 2004, S.105; Einwag 2008, S.95). „[…] so ist heute wissenschaftlich belegt, dass vornehmlich die nach dem Zahndurchbruch auf die Zahnoberfläche einwirkenden Fluoride für deren kariesprophylaktischen Effekt verantwortlich sind" (Gülzow et al. 03/2006). Lokal aufgetragene oder im Speichel vorhandene Fluoride lagern sich als Kalziumfluorid auf den Schmelz und dringen in die obersten Schichten des Schmelzes ein. Der Mineralisationsprozess wird verstärkt und die Kristallgitterstruktur wird dichter und kariesresistenter. Der Schmelz wird widerstandsfähiger gegen die Säuren der kariesverursachenden Mikroorganismen und Fluorid hemmt die Demineralisation. Weiterhin beschleunigen Fluoride den Remineralisationsprozess, indem sie zu einer schnelleren Bildung von Hydroxyl- und Fluorapatit führen. In Anwesenheit von Fluoridionen überwiegt der Remineralisationsprozess gegenüber der Demineralisation (vgl. Kramer 2004, S.106). Zudem hemmen Fluoride die Enzymaktivität der Plaquebakterien. Die Säurebildung wird herabgesetzt. Ebenso wird das Dickenwachstum der Plaque gehindert. Fluoride besitzen auch eine Depotwirkung, indem sie sich in erhöhter Konzentration in die Plaque lagern und die beschrieben Effekte bewirken (vgl. Kramer 2004, S.106f; Stegeman/Davis 2007, S.222ff).

3.1.3.3 Fluoridanwendung

Möglichkeiten der systemischen Fluoridierung sind die Trinkwasserfluoridierung, die Speisesalzfluoridierung und die Tablettenfluoridierung (vgl. Heinrich/Hoffmann 1997, S.232f; Stegeman/Davis 2007, S.224). Die Trinkwasserfluoridierung stellt die wirkungsvollste, sicherste und billigste Form aller kollektiven Maßnahmen dar und gewährleistet zugleich eine kontinuierliche Aufnahme von Fluoriden. Dem Trinkwasser werden so viele Fluoride zugesetzt, dass der optimale Wert von 1mg pro 1 Liter Trinkwasser (1ppm) erreicht wird (vgl. Heinrich/Hoffmann 1997, S.233; Kramer 2004, 107). In der Bundesrepublik Deutschland ist die Trinkwasserfluoridierung aufgrund von rechtlichen Gründen nicht eingesetzt. Beispiele aus anderen Ländern (z.B. USA, Kanada, Irland, Griechenland, u.a.) belegen die karieshemmende Wirkung. Es konnte eine Karieshemmung von 40-60% festgestellt werden (vgl. Heinrich/Hoffmann 1997, S.233; Kramer 2004, 107; Stegeman/Davis 2007, S.227).

In der Bundesrepublik Deutschland wird an Stelle der Trinkwasserfluoridierung die Speisesalzfluoridierung angeboten (vgl. Heinrich/Hoffmann 1997, S.233). Die Salzfluoridierung zählt zu den bevölkerungsprophylaktischen Maßnahmen. Seit 1992 ist fluoridiertes Speisesalz für den Gebrauch im Haushalt erlaubt (vgl. Kramer 2004, S.107f). Die Fluoridierungshöhe ist gesetzlich mit 250mg/kg Salz (250 ppm) vorgeschrieben und das fluoridierte Speisesalz darf nur im Haushalt verwendet werden (vgl. Küpper 2007, S.154). Durch die Verwendung fluoridierten Salzes zum Kochen und Salzen im Haushalt profitiert nicht nur die Zahngesundheit des Kindes, sondern die der ganzen Familie (vgl. Strippel 2005, S.36). In der Leitlinie „Fluoridierungsmaßnahmen zur Kariesprophylaxe" der Zahnärztlichen Zentralstelle Qualitätssicherung (ZZQ) im Institut der Deutschen Zahnärzte wird die regelmäßige Verwendung (altersgerecht, maßvoll nach

Empfehlungen für eine vollwertige Ernährung) von Jodsalz mit Fluorid im Haushalt ab dem ersten Lebensjahr an empfohlen (s. Abb. 14).

Auch die Tablettenfluoridierung stellt ein verbreitetes Mittel zur systemischen Fluoridierung dar. Dabei wird die Tablette langsam im Mund gelutscht oder gekaut und anschließend heruntergeschluckt. In den ersten zwei Lebensjahren können die Tabletten zusätzlich Vitamin D zur Rachitisprophylaxe enthalten. Neben der systemischen kommt es auch zu einer lokalen Wirkung auf die Zahnschmelzoberflächen. Bei der Verwendung von Fluoridtabletten können Kariesreduktionsraten von 50-60% erwartet werden. Vor der Anwendung ist jedoch eine Anamnese durch den Kinder-, bzw. Zahnarzt zu stellen, damit eine Überdosierung von Fluoriden vermieden wird (s. Abb. 14) (vgl. Heinrich/Hoffmann 1997, S.233; Kramer 2004, S.108ff; Voß 2004, S.48,118).

Abbildung 14   Fluoridierungsmaßnahmen – Basisprophylaxe

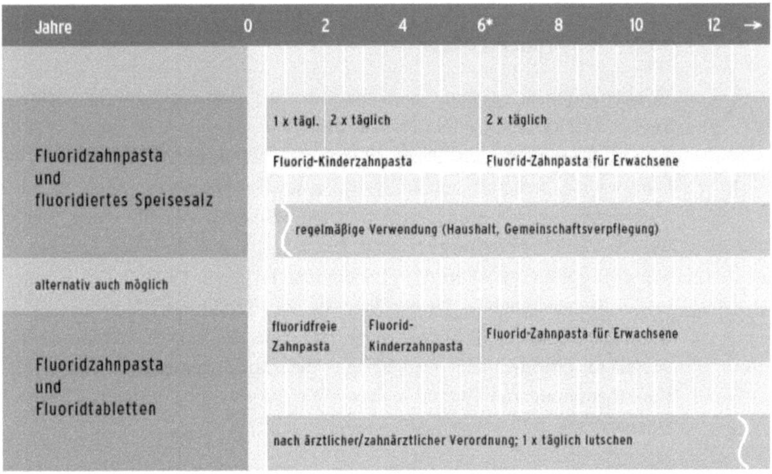

Jahre	0	2	4	6*	8	10	12 →
		1 x tägl.	2 x täglich		2 x täglich		
Fluoridzahnpasta und fluoridiertes Speisesalz		Fluorid-Kinderzahnpasta		Fluorid-Zahnpasta für Erwachsene			
			regelmäßige Verwendung (Haushalt, Gemeinschaftsverpflegung)				
alternativ auch möglich							
Fluoridzahnpasta und Fluoridtabletten		fluoridfreie Zahnpasta	Fluorid-Kinderzahnpasta	Fluorid-Zahnpasta für Erwachsene			
		nach ärztlicher/zahnärztlicher Verordnung; 1 x täglich lutschen					

* Bei Kindern unter 6 Jahren soll die tägliche Fluorid-Gesamtaufnahme 0,05-0,07 mg F/kg Körpergewicht nicht überschreiten

Quelle: Gülzow et al. 2006, S.6

Zur lokalen Fluoridierung werden fluoridhaltige Zahnpasta, fluoridierte Mundspüllösungen, fluoridhaltige Gele und Fluoridlacke eingesetzt, die direkt über den Speichel auf den Zahn einwirken (vgl. Voß 2004, S.48; Heinrich/Hoffmann 1997, S.233; Kramer 2004, S.110; Gülzow et al. 03/2006; Stegeman/Davis 2007, S.225). Da bei diesen lokalen Maßnahmen unterschiedlich große Mengen verschluckt werden, kommt es zu einer zusätzlichen systemischen Wirkung. Die häufigste lokale Anwendung findet über das Zähneputzen mit fluoridierter Zahnpasta statt (vgl. Heinrich/Hoffmann 1997, S.233f; Kramer 2004, S.110). Vorteile sind, dass die Anwendung selbst vorgenommen wird und häufig stattfindet. Bei Benutzung einer fluoridhaltigen Zahnpasta werden demineralisierte Zonen im Zahnschmelz dreimal so schnell remineralisiert wie bei einer fluoridfreien. Juniorzahnpasta enthält bis zu 500 ppm (0,05%) und Erwachsenenzahnpasta 1000-1500 ppm (0,10-0,15%) Fluorid.

Ab welchem Alter und wie oft die Zähne geputzt werden sollten, wird derzeit immer noch von den Fachgesellschaften der Zahnheilkunde und den Fachgesellschaften der Kinderheilkunde diskutiert. Die Fachgesellschaften der Zahnheilkunde empfehlen in der vom ZZQ veröffentlichten Leitlinie „Fluoridierungsmaßnahmen zur Kariesprophylaxe": „Ab dem Durchbruch des ersten Milchzahnes bis zum Durchbruch des ersten bleibenden Zahnes [sollen] Zahnpasten mit einer niedrigen Fluoridkonzentration (0,05% Fluorid) [verwendet werden]" (Gülzow et al. 03/2006). Bis zum ersten Geburtstag sollte einmal täglich geputzt werden, danach zweimal täglich. (s. Abb. 14). Die Fachgesellschaften der Kinderheilkunde widersprechen dem und kritisieren, dass in der Leitlinie „die wissenschaftlich nicht begründeten und möglicherweise schädigenden Empfehlungen, Säuglings- und Kleinkinderzähne mit fluoridierter Juniorzahnpasta zu putzen" veröffentlicht wurden. Sie weisen darauf hin, „Zahnpasta erst von dem Alter an zu empfehlen, in dem diese in der Regel und weitgehend ausgespuckt wird" (Bergmann/Niethammer 2007, S.544). Ihre Stellungnahme begründen sie damit, dass

- Zahnpasta ein kosmetisches Mittel und somit nicht für den regelmäßigen Verzehr geeignet ist;

- Zahnpasta mit ihren zahlreichen Inhaltsstoffen nicht innert ist. Die gesundheitliche Verträglichkeit, sowie Folgen und mögliche Nebenwirkungen durch häufiges Verschlucken von Zahnpasta sind nicht untersucht worden;

- die kariespräventive Wirksamkeit von Zahnpasten mit 500ppm Fluorid nicht erwiesen ist. Auch in der Leitlinie vom ZZQ heißt es: „Die Wirksamkeit von Zahnpasten mit niedrigerem Fluoridgehalt (250 bis 500 ppm Fluorid) ist bisher klinisch nicht ausreichend gesichert; die dazu vorliegenden Ergebnisse sind uneinheitlich. Grad der Empfehlung: 0 [Empfehlung offen]" (Gülzow et al. 2006, S.4).

Bergmann und Niethammer (2007, S.544ff) empfehlen stattdessen die Verwendung von Fluoridtabletten, bzw. Fluoridtropfen. Sichtbare Speisereste und sichtbare Plaque sollen regelmäßig mit einer Säuglings-/ bzw. Kleinkinderbürste oder mit einem Wattestäbchen und Wasser entfernt werden. Nach Bartsch et al. (2003, S.15) ist aber die mechanische Entfernung von Plaque und Speiseresten „ohne Zahnpasta nur bei größter Sorgfalt möglich, da an den Zähnen fettige und klebrige Speiserückstände vorhanden sind". Zahnpasta verstärkt durch ihre chemische Wirkung den Putzeffekt um ein Vielfaches. Darum wird bei Verwendung von Zahnpasta eine fluoridhaltige empfohlen (vgl. Bartsch 2003, S.15).

Kinder ab dem sechsten Lebensjahr und Erwachsene sollten sich mindestens zweimal täglich die Zähne putzen. Hierin sind sich die verschiedenen Fachgesellschaften einig und die ZZQ empfiehlt: „Ab dem Durchbruch der ersten bleibenden Zähne (ca. 6. Lebensjahr) kann dann mit einer Erwachsenenzahnpasta (0,10-0,15% Fluorid) mindestens zweimal täglich eine Zahnreinigung erfolgen" (Gülzow et al. 03/2006; vgl. auch Meghini 2008, S.75) „Der kariespräventive Effekt im bleibenden Gebiss steigt mit zunehmender Fluoridkonzentration in der Zahnpasta und häufiger Anwendung. Grad der Empfehlung: A [Starke Empfehlung]" (Gülzow et al. 2006, S.4). Fluoridhaltige Zahnpasten (1000ppm bzw. 1500ppm Fluorid) können zu einer Karieshemmung von 20-40% führen (vgl. Kramer 2004, S.112).

Bei einer hohen Kariesaktivität stehen zur intensiven Fluoridierung insbesondere fluoridhaltige Mundspüllösungen, fluoridhaltige Gelees und fluoridhaltige Lacke zur Verfügung. Sie können die Karies um 40-50% reduzieren. Mundspüllösungen werden in unterschiedlichen Konzentrationen angeboten. 0,2%ige Lösungen sollten nur einmal in der Woche eingesetzt werden. Spülungen mit einem Gehalt von 0,025-0,05% Fluorid sind für den täglich Gebrauch bestimmt. Fluoridgelees können wöchentlich als auch halbjährlich zu Hause angewandt werden. Fluoridlacke werden vom Zahnarzt viertel- oder halbjährlich auf alle Zahnflächen aufgebracht. Täglich angewandte Mundspüllösungen sind in ihrem kariesprophylaktischen Effekt etwas höher als die wöchentliche Anwendung mittels Mundspüllösung, Fluoridgelee oder der halbjährlich durchgeführten Fluoridapplikation durch den Zahnarzt (vgl. Kramer 2004, S.110f; Heinrich/Hoffmann 1997, S.234).

3.1.3.4 Toxizität von Fluoriden

Immer wieder werden Fluoridierungsmaßnahmen diskutiert. In den 80er Jahren wurde der Fluoridierung eine gesundheitsschädigende Wirkung unterstellt. Heut gilt die gesundheitsschädigende Wirkung der üblichen Fluoriddosierungen in der Kariesprophylaxe als widerlegt (vgl. Voß 2004, S.49). Überhöhte systemische Fluoridaufnahmen sind allerdings für das Auftreten einer Dentalfluorose verantwortlich. „Eine Dentalfluorose zeigt sich bei Milchzähnen und bleibenden Zähnen als Flecken im und auf dem Schmelz" (Kramer 2004, S.109). Die so genannten Schmelzflecken entstehen durch eine langdauernde Überdosierung (etwa das drei- bis vierfache über der erforderlichen Dosis für die Kariesprävention) während der Mineralisation der bleibenden Zähne. Diese erfolgt in der Zeit von der Geburt bis etwa zum 8. Lebensjahr (vgl. Pieper/Momeni 2006, S.1006; Kramer 2004, S.109; Stegeman/Davis 2007, S.225f). Bei einer milden Form der Dentalfluorose werden weißlich-opake bis weiße oder braune

41

Flecken auf den Zähnen sichtbar. Diese Form stellt in erster Linie ein kosmetisches Problem dar und die Zähne sind in diesem Fall kariesresistent. Eine schwere Dentalfluorose zeigt sich durch die bräunliche Verfärbung der Zähne. Zudem kann es zu einzelnen schmelzfreien Zonen kommen, die zu einer erhöhten Rate an Karies führen können (vgl. Stegeman/Davis 2007, S.225f; Kramer 2004, S.109). Bei Erwachsenen kann sich die Überdosierung von Fluoriden nachteilig auf das Knochengewebe und die Nierenfunktion auswirken. Pieper und Momeni (2006, S.1006) weisen darauf hin, dass Fluorid in sehr großen Mengen zugeführt, akute Vergiftungserscheinungen hervorrufen kann, die mit Übelkeit, Erbrechen und Schmerzen im Abdominalbereich verbunden sind. „[I]m Extremfall kann eine Vergiftung mit Fluoriden zum Tod führen. Für Kinder liegt die wahrscheinlich toxische Dosis [...] bei 5 mg Fluorid/kg Körpergewicht". Diesbezüglich müssen die Größenverhältnisse beachtet werden: „Der Abstand zwischen der pharmakologischen und der toxischen Dosis beträgt beim Fluorid mindestens 1:100 [...] Sonstige pathologische Veränderungen im Organismus durch im Rahmen der Kariesprophylaxe applizierte Fluoriddosen wurden bislang nicht beobachtet" (Einwag 2008, S.100f).

Grundsätzlich gilt, dass die Art und Häufigkeit der im Einzelfall indizierten Fluoridanwendung(en) auf der Basis einer individuellen Fluoridanamnese bedarfsgerecht erfolgt.

„Um optimale Wirkungen ohne Nebenwirkungen zu erzielen, ist – und dies gilt für jede Methode der Fluoridapplikation – zunächst im Rahmen einer Anamnese abzuklären, ob und ggf. wie viel Fluorid der Patient bereits aus anderen Quellen erhält! In Abhängigkeit vom Ergebnis sind dann entweder keine weiteren Maßnahmen, die isolierte Anwendung einzelner Methoden (z.B. Putzen mit fluoridierter Zahnpasta) oder auch die Kombination mehrerer Verfahren (z.B. fluoridiertes Kochsalz plus fluoridierte Zahnpasta plus Fluoridlack) indiziert" (Einwag 2008, S.96).

Die oben genannten Fluoridierungsmaßnahmen schützen vor Karies. Dennoch muss betont werden, dass die Fluoridierungen nur einen Teil der Kariesprophylaxe bzw. der Plaqueentfernung darstellen (vgl. Kramer 2004, S.112). Eine sorgfältige Mundhygiene sowie eine entsprechende Ernährungsumstellung beeinflussen die Fluoridierungsmaßnahmen positiv (vgl. Gülzow et al. 03/2006; Kramer 2004, S.112). Dass auch eine regelmäßige Kontrolluntersuchung durch den Zahnarzt für eine erfolgreiche Kariesprophylaxe erforderlich ist, zeigt das folgende Kapitel.

3.1.4 Kontrollen durch den Zahnarzt

Eine regelmäßige Kontrolluntersuchung durch den Zahnarzt trägt dazu bei, dass beginnende Kariesläsionen sowie Zahnfleischerkrankungen rechtzeitig erkannt und behandelt werden (vgl. aid 2006, 24; Meghini et al. 2008, S.81; Voß 2004, S.50; Gülzow et al. 03/2006). Kramer (2004, S.116) empfiehlt Müttern zu dem Zeitpunkt des ersten Milchzahndurchbruchs einen Zahnarzt aufzusuchen, damit Mütter die wichtigsten Informationen über die Zahngesundheit ihrer Kinder erhalten. Mit ca. zwei/ zweieinhalb Jahren, also wenn das Milchgebiss vollständig ist, ist eine zahnärztliche Untersuchung angebracht. Die Erhebung von Meghini et al. (2008, S.81) zur „Kleinkinderkaries –Fakten und Vorbeugung" belegt, dass sich Kinder in diesem Alter problemlos untersuchen lassen. Zudem wurden im Jahr 1999 vom Bundesministerium für Gesundheit für gesetzlich versicherte Kinder im Alter von drei bis sechs Jahren die zahnärztlichen Früherkennungsuntersuchungen eingeführt. Diese finden in der Zahnarztpraxis statt und leiten später in die Gruppen- und Individualprophylaxe über. Dabei sind drei Früherkennungsuntersuchungen für das Vorschulalter vorgesehen, die im jährlichen Abstand stattfinden sollten (vgl. Pieper/Momeni 2006, S.1008). Für Kinder und Jugendliche zwischen dem 6. und 18. Lebensjahr ist das Individualprophylaxe-Programm (IP) konzipiert. Es beinhaltet halbjährliche Erhebungen des Mundhygienestatus (IP1), eine Mundgesundheitsaufklärung (IP2), die immer wiederkehrende Überprüfung des Übungserfolgs und Remotivation (IP3), die lokale Fluoridierung der Zähne (IP4) und die Fissurenversiegelung der Sechsjahr- und Zwölfjahrmolaren (IP5) (vgl. Pieper/Momeni 2006, S. 1008; Kassenzahnärztliche Vereinigung Westfalen-Lippe 1995, S.42). Erwachsene sollten mindestens 1- bis 2-mal im Jahr eine Vorsorgeuntersuchung beim Zahnarzt wahrnehmen (vgl. aid 2006, S.24). Vorteilhaft ist, wenn Eltern zu ihren Vorsorgeuntersuchungen ihre (Klein-)Kinder mitnehmen, da diese den Zahnarzt als einen helfenden und vorsorgenden Fachmann kennen lernen und gegebenenfalls ihre Ängste abbauen (vgl. Bartsch et al. 1992, S.20).

Neben den eventuell notwendigen rechtzeitigen Frühbehandlungen von Karies- und Parodontalerkrankungen kann der Zahnarzt auch prophylaktisch tätig werden. Beispiele sind die Fluoridapplikationen, die professionelle Zahnreinigung sowie die Fissurenversiegelung (vgl. Voß 2004, S.50).

Die Fissuren- und Grübchenversiegelung ist eine vorbeugende Maßnahme. Sie ist vor allem für die bleibenden Backenzähne (Sechsjahr- und Zwölfjahr-Molaren) vorgesehen und betrifft somit kariesaktive Kinder zwischen dem 6. und 18. Lebensjahr (vgl. Bürkle et al. 03/2006; Kramer 2004, S.114). „Bereits kurz nach dem Zahndurchbruch besteht im Fissurenbereich eine erhöhte Gefahr des Kariesbefalls, da der Schmelz zu diesem Zeitpunkt am wenigsten säureresistent und relativ permeabel ist. Deshalb ist frühzeitiges Versiegeln anzustreben" (Kassenzahnärztliche Vereinigung Westfalen-Lippe 1995, S.48). Zudem haben systemische und lokale Fluoridierungen einen größeren Effekt auf die Kariesreduktion von Approximal[6]- und Glattflächen als bei Fissuren und Grübchen (vgl. Kassenzahnärztliche Vereinigung Westfalen-Lippe 1995, S.48; Roulet/Zimmer 2003, S.77; Petschelt et al. 2008, S.188). Seit 1993 ist die Fissurenversiegelung der ersten und zweiten bleibenden Backenzähne eine kassenzahnärztliche Leistung im Rahmen

---

[6] Approximalflächen: Berührungsflächen zweier nebeneinander stehender Zähne (vgl. Kramer 2004, S.159).

des Individualprophylaxe- Programms (Position IP5) (vgl. Bürkle u.a. 03/2006; Kassenzahnärztliche Vereinigung westfalen-Lippe1995, S.47ff). Das Prinzip der Versiegelung ist das Auftragen eines Kunststoffmaterials in die Fissuren, so dass dadurch die Eintrittspforten für die Karies an den Kauflächen der Zähne verschlossen und die in den Tiefen der Fissuren befindliche Bakterien von weiterer Substratzufuhr abgeschnitten werden (vgl. Bürkle et al. 03/2006, Kramer 2004, S.114; Hickel/Kühnisch 2007).

Idealerweise sollte die Versiegelung ein halbes Jahr nach dem Durchbruch der Backenzähne stattfinden. Dies ist allerdings stark von der Behandlungsfähigkeit des Kindes abhängig, da während des Versiegelungsprozesses eine relative oder absolute Trockenlegung der Backenzähne erforderlich ist. Bei älteren Jugendlichen und Erwachsenen sind in der Regel keine Fissurenversieglungen angezeigt, da die Fissuren ihrer Backenzähne meist schon kariös oder gefüllt sind oder von einer geringen Kariesaktivität ausgegangen werden kann (vgl. Kramer 2004, S.114f).

Eine Vielzahl wissenschaftlicher Studien belegt die Wirksamkeit von Fissurenversiegelungen (vgl. Bürkle et al. 03/2006, Kühnisch 1998, Kühnisch et al. 2003). Fissurenversiegelungen wirken sich besonders positiv auf die Kariesrate so genannter Risikokinder aus (vgl. Petschelt et al. 2008, S.198). Es muss aber beachtet werden, dass Fissurenversiegelungen nur kariespräventiv wirken, solange sie vollständig intakt sind (vgl. Kühnisch et al. 2003, S.97). Darum darf „nicht übersehen werden, dass fehlerhafte Versiegelungen ein Voranschreiten der Karies begünstigen. Deshalb ist die regelmäßige Kontrolle der Versiegelungen alle sechs Monate angezeigt" (Petschelt et al. 2008, S.198).

Kühnisch et al. (2003, S.100) empfehlen „öffentliche Präventionsmaßnahmen um die Fissurenversiegelung für Kariesrisiko-Gruppen nach dem Vorbild anderer westlicher Industrienationen zu erweitern". Auch die Schule kann hierzu sicherlich einen Beitrag leisten, indem Unterrichtsreihen zum Thema „Zahngesundheit" durchgeführt und die Fissurenversiegelungen als präventive Maßnahmen aufgezeigt werden. Insbesondere die Grundschule bietet sich dazu an, da während der Grundschulzeit die bleibenden Backenzähne die Milchzähne ersetzen und alle Kinder, sowohl Immigranten als auch Deutsche, erreicht werden könnten.

3.2 Zahngesundheitserziehung

„Ziel der Zahngesundheitserziehung ist es, zu einem ständigen verantwortungs- und hygienebewussten Verhalten zu veranlassen. Die Beeinflussung durch diese Erziehung soll so stark sein, dass vorhandene Sperren unterschiedlichster Ursachen überwunden werden und Zahngesundheit auf Dauer zur Selbstverständlichkeit wird. Das Kriterium der Erziehung ist eine dauerhafte Verhaltensänderung" (Kramer 2004, S.14).

Verständliche Ausführungen über den Wert des gesunden Gebisses und Zahnhalteapparats sowie die weitreichende Beziehung zwischen Gebiss und Körper sind bei der Vermittlung von Informationen im Rahmen der Gesundheitserziehung notwendig. Der frühen Kindheit kommt in der Zahngesundheitserziehung eine besondere Bedeutung zu, da die in der Familie (als vorrangige Bezugsinstanz) geprägten Verhaltensweisen aufgrund der kindlichen Imitationslust zur Gewohnheit des Kindes werden (vgl. Kramer 2004, S.14). Mundhygiene, Fluoridierung und Ernährung finden in der Regel im häuslichen Bereich statt. Ebenso haben die Eltern die Verantwortung für die regelmäßigen Zahnarztbesuche der Kinder und Eltern können täglich erzieherisch auf das Verhalten der Kinder einwirken. Demzufolge müssen Eltern eine zentrale Stellung bei der Zahngesundheitserziehung einnehmen (vgl. Pechtold 1991, S.43). Dies setzt bei Eltern/ Erziehungsberechtigten die Kenntnis des Sachverhalts und vor allem die durch Übung erworbene praktische Erfahrung voraus. Des Weiteren kann nicht auf die Unterstützung von Erzieherinnen in Kindergärten und Lehrern in den ersten Grundschuljahren bei der Zahngesundheitserziehung verzichtet werden, da „außerfamiliäre Gemeinschaften in der frühen Kindheit – Kindergarten und Schule – [...] heute eine immer größere Bedeutung für das Verhalten der Kinder [gewinnen]" (Kramer 2004, S.14). Aufgrund zunehmender Berufstätigkeit beider Elternteile ist in den letzten Jahren vor allen Dingen die Einflussnahme auf das Ernährungsverhalten des Kindes durch die Eltern nicht mehr gegeben. Ebenso kann die Kontrolle der täglichen Mundhygiene von Seiten der Eltern vernachlässigt werden. „Die Grundlagen für eine Zahngesundheitserziehung sollten bis zum 10. Lebensjahr gelegt sein. Die altergemäße Information und Einübung von praktischen Kenntnissen sind dann Voraussetzungen einer weiterführenden Gewöhnung und Festigung eines zahngesunden Verhaltens" (Kramer 2004, S.14). Pommerenke et al. (2004, S.8) formulieren: „Die Zusammenarbeit zwischen Elternhaus und Schule sowie die Gruppen- und Individualprophylaxe sind wesentliche Stützen der Gebissgesundheitserziehung. Je enger diese Kooperation gestaltet wird, desto erfolgreicher werden die Bemühungen sein."

Seit dem Jahre 1989 sind in der Bundesrepublik Deutschland **Gruppenprophylaxe** und seit dem Jahre 1993 **Individualprophylaxe** gesetzliche Leistungen. Über Aufklärungsaktionen im Rahmen der Gruppenprophylaxe werden Kinder und Jugendliche bis zum 12. Lebensjahr betreut. Liegt ein hohes Kariesrisiko vor, werden auch Jugendliche bis zum 16. Lebensjahr berücksichtigt. Gruppenprophylaxe findet im Kindergarten, in der Schule, in Behinderteneinrichtungen, im öffentlichen zahnärztlichen Gesundheitsdienst und in Zahnarztpraxen statt. Die wesentlichen Träger dieser Aktivitäten sind Zahnärzte des Öffentlichen Gesundheitsdienstes, die gesetzlichen Krankenkassen, die Kommunen und die niedergelassenen Zahnärzte (vgl. Pommerenke et al. 2004, S.8,40; Ziller/Oesterreich 2007, S.32). „Zahnmedizinische Gruppenprophylaxe beinhaltet sowohl Zahngesundheitserziehung durch pädagogisch und psychologisch fundierte, altersgerechte Vermittlung von Wissen, Fertigkeiten und Einstellungen als auch die Durchführung spezieller Maßnahmen zur Erhaltung und Förderung der Zahngesundheit. Zahngesundheitserziehung im Rahmen der Gruppenprophylaxe sollte in die generelle Erziehung zu gesunder Lebensweise eingebettet sein, die Erziehung in der Familie ergänzen oder auch korrigieren und zur später notwendigen Eigenverantwortung für die Gesundheit hinführen" (Reich 2002). Ziele der Gruppenprophylaxe sind insbesondere die primäre Prävention, aber auch sekundär präventive Maßnahmen (Früherkennung) werden mit eingeschlossen (vgl. Reich 2002).

Die Individualprophylaxe ist meist auf zahnärztliche Praxen ausgerichtet und bezieht sich auf Kinder und Jugendliche zwischen dem sechsten und 18. Lebensjahr. Diese Prophylaxeform verbindet „individuelle Aufklärung und Motivation zur Mundgesundheit mit risikobezogenen zahnmedizinischen Maßnahmen, wie bspw. der professionellen Zahnreinigung oder der Fissurenversiegelung" (Ziller/Oesterreich 2007, S.32; vgl. auch Pommerenke et al. 2004, S.8,40). Dazu gehören auch die halbjährlichen zahnärztlichen Untersuchungen. Die gesetzliche Grundlage dafür findet sich im Sozialgesetzbuch V (SBG V §21 und §22) und stellt eine gute Basis für eine erfolgreich zu praktizierende zahnmedizinische Prävention im Kindes- und Jugendalter dar. Gruppen- und Individualprophylaxe greifen verzahnt ineinander und ergänzen sich. Hier werden die Grundlagen für einen eigenverantwortlichen Umgang mit der Mundgesundheit im Erwachsenenalter gelegt (vgl. Ziller/Oesterreich 2007, S.32).

Kindergarten und Schule können Eltern darüber informieren, auf welche Prophylaxeleistungen ihre Kinder Anspruch haben. Nach Pommerenke et al. (2004, S.8) muss das Hauptanliegen der schulischen Zahngesundheitserziehung sein, „Schülerinnen und Schüler durch Förderung ihrer Handlungskompetenz zu befähigen, ihr Gebiss möglichst lebenslang gesund zu erhalten". Folgende Maßnahmen zur Vorbeugung von Gebisserkrankungen werden genannt:

- „Gebisspflege in Bezug auf Putztechnik, geeignete Hilfsmittel, Putzdauer und Zeitpunkte der Reinigung

- Anwendung von Fluoridpräparaten zur Erhaltung eines gesunden Zahnschmelzes

- Richtige Ernährung, vor allem Reduktion der Aufnahme zuckerhaltiger Nahrungsmittel

- Zahnärztliche Untersuchung halbjährlich mit Individualprophylaxe" (Pommerenke et al. 2004, S.8).

Nur durch einen andauernden Lernprozess lassen sich oben genannte Maßnahmen realisieren und eine dauerhafte Verhaltensänderung in Bezug auf gute Mundhygiene (Gebisspflege), gesunde Ernährung, Fluoridierung und regelmäßige Zahnarztbesuche erreichen. Erzieherische Wege können zur Verhaltensänderung der Kinder beitragen. Das Verhalten eines Kindes ändert sich nämlich durch Lernen am Modell, Lernen durch Tun, Lernen durch Erfolg und Lernen durch Einsicht(vgl. Pechtold 1991, S.43).

Lernen am Modell: Über Elternabende können z.b. Lehrerinnen und Lehrer Eltern informieren, wie wichtig ihr eigenes Verhalten als Vorbildwirkung für das Verhalten der Kinder ist. Die meisten **Verhaltensweisen** werden durch das Lernen am Modell ausgeprägt. Somit ist für das Verhalten der Kinder äußerst wichtig, dass Eltern

- selbst auf ihre Zahngesundheit achten,

- halbjährliche Kontrolluntersuchungen wahrnehmen,

- regelmäßig ihre Zähne reinigen,

- ihre Zähne durch Zuführung von Fluoriden widerstandsfähiger gegen Karies machen,

- sich zahngesund ernähren,

- den Konsum süßer Nahrungsmittel reduzieren und selbst Vertrauen zum Zahnarzt zeigen (vgl. Pechtold 1991, S.48).

Lernen durch Tun: Durch regelmäßige Übung führt ein gelerntes Verhalten zur **Gewohnheitsbildung**. Es ist enorm wichtig, bereits ab den ersten Milchzähnen mit dem regelmäßigen Putzen zu beginnen (vgl. Pechtold 1991, S.48). Im Alter zwischen ein und drei Jahren werden Kinder in Zusammenarbeit mit ihren Eltern mit der Zahnbürste bekannt gemacht und im Laufe des Älterwerdens werden Techniken und Mittel zur Plaqueentfernung den Gegebenheiten im Mundraum und den motorischen Fähigkeiten der Kinder angepasst (vgl. Kramer 2004, S.81).

Lernen durch Erfolg: Damit das regelmäßige Zähneputzen zur täglichen Gewohnheit wird, sollten Eltern diese Aktion mit **Spaß und Freude** verbinden. Zähneputzen soll als etwas Positives erfahren werden. „[…] positive Verstärkung erfahren Kinder z.B. durch die Zuwendung der Eltern beim gemeinsamen Zähneputzen, beim Vorlesen einer Geschichte nach dem Zähneputzen, durch das **Lob** nach dem Zähneputzen: ´Hast du schöne Zähne!` – ´Du duftest ganz frisch aus dem Mund.` – ´Die Zähne strahlen richtig.`" (vgl. Pechtold 1991, S.49). Auch kleine **Belohnungen** sind denkbar, um die Gewohnheitsbildung zu erleichtern. Das wichtigste Ziel ist dem Kind bedeutsam zu machen, dass die größte Belohnung darin besteht, dass es seine gesunden Zähne behalten wird. Das Lernen durch Erfolg kann auch stattfinden, wenn das Kind bei seinen halbjährlichen Kontrolluntersuchungen beim Zahnarzt von diesem für seine gesunden Zähne gelobt wird (vgl. Pechtold 1991, S.49).

Lernen durch Einsicht: Die Bemühungen des Elternhauses werden durch die Schule gestützt. Im Unterricht sammeln die Kinder **Wissen** über die Möglichkeiten der Zahngesunderhaltung (vgl. Pechtold 1991, S.48). Die so genannten vier Säulen der Zahngesundheit (Ernährung, Zahnpflege, Fluoride und Kontrolle durch den Zahnarzt) können und sollten im Unterricht (bereits in den ersten Grundschuljahren) thematisiert und vertieft werden. Dadurch wird die Einsicht gefördert, dass man selbst entscheidend dazu beitragen kann, seine Zähne gesund zu erhalten.

Um langfristigen Erfolg zu erzielen, empfiehlt Pechtold (1991, S.50): „Damit die Motivation bei den Eltern und in der Folge die geänderten Verhaltensweisen bei den Kindern bestehen bleiben, müssen die Eltern mehrmals über das Thema „Zahngesundheitserziehung" informiert werden, also nicht nur einmal in der Grundschulzeit, sondern einmal im Schuljahr. Ebenso sollten die Kinder einmal im Schuljahr ihr Wissen über die Gesunderhaltung der Zähne vertiefen können."

3.3 Zusammenfassung

Die vier Säulen der Zahngesundheit stellen grundlegende Prophylaxemaßnahmen dar, die maßgeblich zur besseren Zahngesundheit in Deutschland beigetragen haben. Die Zahngesundheitserziehung an Schulen kann dazu beitragen, dieses Wissen Kindern und Jugendlichen altersgerecht zu vermitteln. Wichtig ist, dass Kindern und Jugendlichen bewusst wird, dass nur die Beachtung/ Anwendung aller vier Säulen der Zahngesundheit erfolgreich wirkt. D.h. neben der zahngesunden, vollwertigen Ernährung und der Reduzierung von Süßigkeiten gehört auch eine gewissenhafte, gründliche Zahnreinigung nach jeder Mahlzeit (mind. 2mal am Tag) dazu; ebenso sind auch Fluoride für die Remineralisation sowie zur Stärkung des Zahnschmelzes nötig, aber auch die regelmäßigen Kontrollbesuche beim Zahnarzt sind von großer Bedeutsamkeit.

4 Unterrichtsentwurf

Der folgende Unterrichtsentwurf setzt sich aus sieben Einheiten zusammen. Diese Einheiten sind für ein 1. Schuljahr konzipiert, da bereits ab Klasse 1 der Zahngesundheitserziehung eine besondere Rolle zukommt. Erstklässler stehen gerade in der Phase des Zahnwechsels und sind somit unmittelbar von dem biologischen Prozess betroffen. Diese Betroffenheit erzeugt für das Thema „Zähne" eine besondere Aktualität und Brisanz. Die sieben Unterrichtseinheiten stellen einen Entwurf dar, in einer handlungsorientierten Weise die Erfahrungen der Kinder aufzugreifen und positive Einstellungen und Handlungsbereitschaften für eine aktive Gesunderhaltung des Gebisses anzubahnen.

4.1 Erläuterungen zum Unterrichtsentwurf

Die meisten Kinder im 1. Schuljahr besitzen ein Wechselgebiss. Ihre Milchzähne fallen aus und werden durch die bleibenden Zähne ersetzt. Die erste Einheit greift diese Situation auf und beantwortet die Frage der Kinder, warum Zähne überhaupt ausfallen. In der zweiten Einheit können die Kinder handlungsorientiert feststellen, dass ihre Zähne viel Arbeit haben und aufgrund verschiedener Funktionen auch anders aussehen. Zähne sehen von außen betrachtet weiß/gelblich aus und fühlen sich hart an. In diesem Alter können sich wahrscheinlich nur wenige Kinder vorstellen, dass auch Zähne „leben". Damit die Kinder nachvollziehen können, warum Zähne auch Schmerzen empfinden können, wird in der dritten Einheit der Aufbau der Zähne thematisiert. Die vierte Einheit greift das Zähneputzen auf und vertieft die KAI-Technik. Die meisten Kinder putzen sich in diesem Alter alleine ihre Zähne. Allerdings erfolgt das Zähneputzen oft sehr schnell und nicht gründlich, da die Handmotorik der Kinder altersgemäß nur eine Teilreinigung der Zähne zulässt. Das Zähneputzen mit der Klasse soll die Schüler motivieren auch zu Hause nach der gelernten Technik die Zähne zu reinigen. Manche Kinder werden vielleicht bereits Erfahrungen mit Zahnschmerzen, bzw. mit Karies gemacht haben. Die Plaquebakterien und der Kariesverlauf werden in der fünften Einheit besprochen. Auf diese Weise können die Kinder erste Kenntnisse über Karies sammeln, bzw. erhalten einige der Kinder eine Antwort auf die Frage „Wie kommt das Loch in den Zahn?". In der sechsten Einheit sollen sich die Schüler handlungsorientiert mit zahnfreundlichen und zahnschädlichen Nahrungsmitteln auseinander setzen. Den Abschluss und Höhepunkt dieser Unterrichtsreihe bildet ein Zahnarztbesuch in der siebten Einheit. Er soll dazu beitragen, dass die Kinder mit dem Ablauf eines Zahnarztbesuches vertraut werden und ihre Ängste abbauen.

Zu Beginn der Unterrichtsreihe sollen die Kinder ein Deckblatt für ein Zahnbuch erhalten. Dieses Zahnbuch soll im Verlauf der Unterrichtseinheiten durch weitere Arbeitsblätter ergänzt werden, sodass die Kinder zum Schluss der Unterrichtsreihe ein vollständiges Zahnbuch besitzen.

Die Unterrichtsreihe stellt einen **Entwurf** dar und berücksichtigt weitgehend die vier Säulen der Zahngesundheit. Die Unterrichtsreihe ist offen gehalten, sodass ohne weitere Schwierigkeiten die Einheiten ergänzt werden können. Ideen für mögliche Ergänzungen und Vertiefungen wären Einheiten, die die Wirkung von Fluoriden oder die aid-Kinderpyramide thematisieren.

Der Lehrplan Sachunterricht sieht unter anderem für die Klassen 1 und 2 die Aufgaben-schwerpunkte „Körper, Sinne und Ernährung" und „Körper und Gesundheit" vor, die den Unterrichtsgegenstand „Grundsätze der Hygiene und gesunden Ernährung kennen lernen und beachten" enthalten. Der Unterrichtsentwurf berücksichtigt diesen Unter-richtsgegenstand und fördert verschiedene Fähigkeiten und Fertigkeiten, sowie Einstel-lungen und Haltungen:

- Naturerscheinungen, Lebewesen, Objekte, Sachverhalte bewusst wahrnehmen, beobachten, beschreiben, vergleichen, unterscheiden, zeichnen und untersuchen;

- Verantwortung für den eigenen Körper.

Weiterhin werden durch den Unterrichtsentwurf Kenntnisse „über Grundfunktionen, [...], und Gefährdungen des menschlichen Körpers" vermittelt (vgl. Ministerium für Schule, Jugend und Kinder des Landes Nordrhein-Westfalen 2003, S.60,64f).

4.2 Unterrichtseinheiten

4.2.1 Einheit 1: Ein Zahn fällt aus

Ziele der Einheit

- Durch die Bildercollage (Bilder von Kindern mit Zahnlücken und/ oder Wackel-zähnen) motiviert sollen sich die Kinder auf die Thematik einlassen und indem sie eigene Wackelzahngeschichten erzählen, schreiben und anderen Kindern zu-hören, den Zahnwechsel als eine natürliche Sache erfahren, die alle Kinder be-trifft.

- Die Kinder erkennen, dass ausgefallenen Zähnen die Wurzeln fehlen und erfah-ren, dass die Wurzeln der Milchzähne durch die neuen Zähne aufgelöst werden. Sie beantworten die Frage: „Warum fallen Milchzähne aus?"

- Die Kinder nehmen ihre eigenen Zähne bewusst war, indem sie sie mit Hilfe ei-nes Spiegels betrachten, untersuchen, befühlen und zählen. Sie sollen die Milch-zähne von den Dauerzähnen unterscheiden.

- Beim Vergleich der Zählergebnisse stellen die Kinder fest, dass jede Person eine unterschiedliche Anzahl von Zähnen hat.

Vorbereitungen

- Vorbereitende Hausaufgabe: Kinder sollen einen Handspiegel mitbringen.
- Bildercollage mit Zahnlückenfotos
- Blätter in Zahnform
- Plakat vom Milchgebiss
- Arbeitsblätter/Zahnbuch
- Wenn möglich, echte ausgefallene Milchzähne mitbringen.

Unterrichtsverlauf in Schritten

Schritt 1: Einstieg

- Bildercollage am Overheadprojektor (OHP) zeigen.
- Schüler äußern sich spontan zu den Bildern → Gespräch über Wackelzähne.
- Kinder erzählen eigene Wackelzahngeschichten.

Schritt 2: Arbeitsphase

- Im Sinne des fächerübergreifenden Lernens wird die Gelegenheit zum freien Schreiben über ein Sachthema genutzt →Selbstdifferenzierung durch das freie Schreiben.
- Kinder erhalten dazu ein Blatt in Zahnform (s. Anhang: S.79).
- Manche Kinder haben wahrscheinlich schon mehrere Wackelzähne verloren und können von verschiedenen Erlebnissen schreiben.

Schritt 3: Reflexion

- Kinder lesen ihre Wackelzahngeschichten vor.
- Kinder erfahren dadurch den Zahnausfall als etwas Natürliches.
- Die Wackelzahngeschichten werden eingesammelt, ggf. durch die Lehrperson korrigiert.
- Zu einem späteren Zeitpunkt werden diese als Würdigung und als Leseanreiz für die Kinder der Klasse ausgehängt (s. Anhang: S.80).

Schritte 4: Gesprächskreis/ Sitzkreis bilden

- Frage stellen: Warum fallen Milchzähne aus?
- Kinder können evtl. Vorwissen einbringen, aber auch falsche Vermutungen äußern.
- Echte, ausgefallene Wackelzähne mit einem Zahnmodell vergleichen.

51

- Unterschied herausfinden: Zähne im Gebiss haben Wurzeln, ausgefallene Milchzähne haben keine Wurzel.

Schritt 5:

- Anhand eines gebastelten Papiermodells/ bzw. geeigneter Bilder (s. Anhang: S.81) den Schülern erklären, wie Milchzähne ausfallen.
  - o Unter dem Milchzahn wächst ein neuer Zahn.
  - o Der bleibende Zahn schiebt sich langsam nach oben.
  - o Er drückt von unten auf die Wurzel des Milchzahns.
  - o Die wird kleiner und löst sich auf.
  - o Die kleine Wurzel kann den Milchzahn nicht mehr halten.
  - o Er wackelt und fällt dann aus.
- Begriffe wie Milchzahn/ Dauerzahn (bleibender Zahn) einführen.
- Auch auf die Frage „Warum fallen Milchzähne aus?" eingehen.
  - o Wir wachsen. Unser Kopf wird auch größer. Die Zähne können aber nicht „mitwachsen". Die Milchzähne fallen aus und machen Platz für die größeren bleibenden Zähne.
- Plakat (s. Anhang: S.82) vom Milchgebiss anschauen.
- Kinder zählen 20 Milchzähne.

Schritt 6: Arbeitsphase

- Kinder bekommen den Auftrag ihre eigenen Zähne mit Hilfe eines Taschenspiegels zu untersuchen.
- Kinder betrachten ihre Zähne, befühlen sie, zählen sie.
- Kinder erkennen Milchzähne und Dauerzähne.
- Kinder stellen fest, dass jeder eine unterschiedliche Anzahl von Zähnen hat.
- Kinder füllen dazu passende Seite im Zahnbuch (s. Anhang: S.71,72) aus.

Schritt 7: Abschlussrunde

- Kinder berichten von ihren Feststellungen.
- HA: Erwachsene haben 32 Zähne? Ist das immer so?
- Im Zahnbuch diese Aufgabe bearbeiten (s. Anhang: S.72).

4.2.2 Einheit 2: Unsere Zähne haben viel Arbeit

Ziele der Einheit

Hinweis: In dieser Einheit werden bewusst nur drei Zahnarten thematisiert. Die Unterscheidung zwischen Prämolaren und Molaren ist für die Kinder zu diesem Zeitpunkt nicht erforderlich. Beide Arten von Backenzähnen üben eine ähnliche Funktion aus und die Unterscheidung im Wechselgebiss der Kinder ist nur sehr schwierig vorzunehmen.

- Die Kinder sollen ihre Zähne bewusst wahrnehmen, indem sie ausprobieren und im Sitzkreis demonstrieren, was man mit den Zähnen machen kann (Zähne zusammen beißen, kauen, sprechen,…)

- Indem die Kinder Möhren und Äpfel essen und dabei ihre Zähne mit Hilfe eines Taschenspiegels beobachten, sollen sie die Funktion und das Zusammenspiel der verschiedenen Zähne bewusst wahrnehmen und verbalisieren.

- Dieses praktische Handeln soll die Schüler befähigen, selbständig die Funktionen der Zahnarten zu erkennen und das erworbene Wissen zu festigen.

- Durch das Ausprobieren, Beobachten und Fühlen der Zähne sollen die Kinder die Zahnarten (Schneidezahn, Eckzahn und Backenzahn) bzgl. des Aussehens unterscheiden.

- Die unterschiedlichen Funktionen der Zähne, die durch passende Werkzeuge (Abbildungen) symbolisiert werden, sollen von den Kindern der jeweiligen Zahnart zugeordnet werden.

Vorbereitungen

- Vorbereitende Hausaufgabe: Handspiegel mitbringen

- Nahrungsmittel (Möhren, Äpfel) vorbereiten: waschen, in große (nicht mundgerechte) Stücke schneiden, usw.)

- Gebissmodell ausleihen, evtl. selber herstellen

- Karten/ Abbildungen von Schere, Zange, Kaffeemühle

- Karten mit den Begriffen Schneidezahn, Eckzahn, Backenzahn

Unterrichtsverlauf in Schritten

Schritt 1: Einstieg (Stuhlkreis)

- Frage stellen: Was kannst du alles mit deinen Zähnen machen?

- Schüler antworten lassen/ vorführen lassen (zischen, knirschen, pfeifen usw.)

- Frage: Wozu brauchen wir unsere Zähne hauptsächlich?

- Frage: Tun alle Zähne das Gleiche beim Essen? Wie kann man das herausfinden?

Schritt 2: Arbeitsphase 1 (Einzel-, oder auch Partnerarbeit)

- An die Kinder vorbereitete Möhren und Äpfel verteilen.
- Schüler essen Rohkost und beobachten im Spiegel die Funktion der Zähne bei sich selbst, evtl. auch beim Nachbarn.
- Fragen:
  - o Was machen welche Zähne?
  - o Wie sehen meine Zähne aus?
  - o Was passiert mit dem Essen beim Kauen?

Schritt 3: Reflexion (Stuhlkreis)

- Schüler teilen ihre gewonnenen Erkenntnisse mit.
- Ein Gebissmodell wird dabei zur Verfügung gestellt.
- Schüler können die verschiedenen Zahnarten am Gebiss zeigen.
- Gespräch über die verschiedenen Zahnarten.

Schritt 4: Erarbeitungsphase

- Lehrperson zeigt Kindern drei Bildkarten (Abbildungen von Schere, Zange, Kaffeemühle (s. Anhang: S.84).
- Unsere Zähne können mit diesen Werkzeugen verglichen werden, Warum? Wie?
- Im Gespräch erarbeiten (s. Anhang: S.83):
  - o Schere schneidet – vorderen Zähne beißen ab, ähnlich wie eine Schere → Schneidezähne;
  - o Zange hält fest, reißt etwas ab – spitzen Zähne halten Nahrung fest, reißen ab → Eckzähne;
  - o Kaffeemühle mahlt, zerkleinert – hinteren breiten Zähne zerkleinern, zerquetschen, zermahlen Nahrung → Backenzähne.
- Wortkarten mit Aufschrift Schneidezahn, Eckzahn, Backenzahn in das Gespräch einfließen lassen.
- Kinder ordnen Wortkarten den Bildkarten zu.
- Im Gespräch die Funktionen der einzelnen Zähne gut herausstellen, damit die Kinder das anschließende Arbeitsblatt gut bearbeiten können.

Schritt 5: Arbeitsphase

- Gemeinsam das Arbeitsblatt (s. Anhang: S.73) im Zahnbuch besprechen, Arbeitsauftrag klären.

- Kinder bearbeiten das Arbeitsblatt in Einzelarbeit.

Schritt 6: Reflexion/ Abschluss

- Das Arbeitsblatt vergleichen.
- Zähne haben eine sehr wichtige Funktion. Vor allem die neuen, bleibenden Zähne müssen gesund bleiben, damit sie das ganze Leben lang erhalten bleiben.
- Einheit abschließen.

4.2.3 Einheit 3: So sieht ein Zahn von innen aus

Ziele der Einheit

- Durch die Geschichte erfahren die Kinder, dass Zähne Schmerzen empfinden können.
- Die Kinder erfahren,
  - o dass ein Zahn aus mehreren Schichten besteht,
  - o dass der Zahnaufbau dafür verantwortlich ist, dass die Zähne „empfinden" können
- Die Kinder sollen erkennen, dass ein Zahn „lebt" und deshalb gesund gehalten werden muss.
- Durch das Modellieren eines Knetzahnes und durch das Bearbeiten des Arbeitsblattes im Zahnbuch können die Kinder ihre neu gewonnenen Erkenntnisse vertiefen, wiederholen und festigen.

Vorbereitungen

- Bildergeschichte über ein Kind, das plötzlich Zahnschmerzen hat, suchen/ vorbereiten.
- Aus Papier/Pappe einen großen Backenzahn vorbereiten, den man aufklappen kann und der das Innere des Zahnes zeigt.
- Folie mit den Arbeitsschritten für das Modellieren des Knetzahnes für den OHP fertig stellen.
- Knete in zwei Farben (z.B. weiß und gelb) besorgen, sowie rote und gelbe Wollfäden zurechtschneiden.

Unterrichtsverlauf in Schritten

Schritt 1: Einstieg

* Bildergeschichte über plötzliche Zahnschmerzen erzählen. Dazu evtl. Bilder am OHP zeigen.

Schritt 2: Gesprächsrunde

* Mit den Kindern ins Gespräch über Zahnschmerzen kommen.
* Mögliche Fragen:
    o Hattest du schon mal Zahnschmerzen?
    o Weißt du, warum unsere Zähne Schmerzen empfinden können?
    o Wie sind unsere Zähne aufgebaut?

Schritt 3: Erarbeitungsphase

* Anhand des Papiermodells (s. Anhang: S.74) mit den Kindern den Aufbau eines Backenzahns erarbeiten.
* Da die Unterrichtsreihe für ein 1. Schuljahr konzipiert ist, muss eine Elementarisierung vorgenommen werden.
* Beim Erklären des Zahnaufbaus werden aus diesem Grund nur die drei wesentlichen Zahnschichten genannt, wobei auch hier nur vereinfacht die Unterschiede der Schichten dargestellt werden sollten.
* Eine mögliche Elementarisierung wäre wie folgt:
    o Ein Zahn besteht aus drei Schichten.
    o Zahnschmelz: Der Zahnschmelz umgibt den oberen (im Mund sichtbaren) Teil des Zahnes. Er ist sehr hart und schützt den Zahn.
    o Zahnbein: Das Zahnbein liegt unter dem Zahnschmelz. Es ist etwas weicher und gelblich.
    o Zahnmark: Im Inneren des Zahnes ist das Zahnmark. Das Zahnmark ist eine kleine Höhle mit Blutgefäßen und Nerven. Es ist sehr weich und empfindlich.

Schritt 4: Arbeitsphase

* Die Kinder stellen einen Backenzahn aus Knete her (s. Anhang: S.85).
* Die gelbe Knete stellt das Zahnbein dar, die Weiße das Zahnschmelz.
* Rote und gelbe Wollfäden symbolisieren dabei Blutbahnen und Nerven des Zahnes.
* Die Lehrperson stellt einen mindestens doppelt so großen Backenzahn aus Modelliermasse her.

56

- Anschließend soll in Einzel- oder Partnerarbeit die dazugehörige Seite im Zahnbuch bearbeitet werden (s. Anhang: S.74,75).

Schritt 5: Reflexion und Abschluss im Sitzkreis

- Die Lehrperson schneidet ihren Knetzahn der Länge nach durch.
- Der Knetzahn wird mit dem Papiermodell verglichen.
- Es lassen sich deutlich Zahnschmelz, Zahnbein und Zahnmark mit den Blutbahnen und Nervenfasern erkennen.

4.2.4 Einheit 4: Wir putzen unsere Zähne

Ziele der Einheit

Die Schüler sollen

- durch den Filterversuch erkennen, dass nach jeder Mahlzeit Nahrungsreste im Mund verbleiben.
- an das tägliche Zähneputzen herangeführt und eine wachsende Einsicht für die Notwendigkeit des Putzens geweckt werden.
- erkennen, dass die Zähne nur mit Hilfe einer guten Zahnputztechnik gründlich sauber werden.
- die KAI-Zahnputztechnik bei der Vorführung der Lehrperson am Demonstrationsgebiss beobachten.
- unter Berücksichtigung der KAI-Technik ihre Zähne putzen.
- darüber nachdenken, wie oft und wie lange die Zähne geputzt werden sollten.

Vorbereitungen

- Materialien für den Filterversuch: Kaffeefilter, Gurkengläser, Becher, Wasser
- Materialien für den Wasserglasversuch: Gläser, bzw. durchsichtige Plastikbecher, Wasser
- Demonstrationsgebiss mit großer Zahnbürste ausleihen (z.B. beim Arbeitskreis Zahngesundheit), Eimer mit Wasser
- Zahnputzmaterialien (eine Zahnbürste für jedes Kind, Zahnpasta, Becher) bereitstellen →Tipp: Zahnbürsten können bei dem Verein für Zahnhygiene e.V. kostengünstig bestellt werden; weitere Möglichkeiten sind der Arbeitskreis für Zahngesundheit oder die Krankenkassen vor Ort
- Memory

Unterrichtsverlauf in Schritten

Schritt 1: Filterversuch/ Wasserglasversuch

- Frühstückspause etwas vorziehen, damit nach dem Frühstück der Filterversuch, bzw. der Wasserglasversuch (man kann sicherlich auch beide Versuche durchführen lassen, dazu die Klasse in zwei Gruppen aufteilen) durchgeführt werden kann.

- Ablauf der Versuche:
  - o Nach dem Essen nimmt jedes Kind einen Schluck Wasser in den Mund und spült den Mund aus.
  - o Das Wasser wird zurück in das Glas mit dem restlichen Wasser, bzw. in den Filter im Gurkenglas gespuckt.
  - o Im Glas mit dem Wasser und im Filter sind deutlich Essensreste zu erkennen.

- Die Schüler erkennen, dass nach jedem Essen Essensreste im Mund verbleiben.

Schritt 2: Erarbeitungsphase

- Auch das Demonstrationsgebiss hatte Hunger. Es hat in der Pause Nougatschokolade genascht und ist ganz dreckig. Was kann man denn jetzt machen?

- Schüler äußern ihre Ideen → Zähneputzen.

- Freiwillige Schüler versuchen das Gebiss mit der Zahnbürste und dem bereitgestellten Wasser im Eimer zu putzen.

- Schüler stellen fest, dass es nicht so einfach ist, dass Gebiss gründlich zu säubern.

- Lehrperson führt die KAI-Technik ein und demonstriert diese am Gebiss:
  - o K steht für die Kauflächen; Mund öffnen; Bewegung: hin und her,
  - o A steht für die Außenflächen; Zahnreihen auf einander stellen (Tigergebiss); Bewegung: kleine Kreise auf den Zahnreihen zeichnen,
  - o I steht für die Innenflächen; Mund öffnen; Bewegung: vom Zahnfleischrand zum Zahn (von Rot nach Weiß), „Krümel rausschubsen".

- Bilder mit den passenden Bewegungen unterstützen die Schüler visuell (s. Anhang: S.86).

- Schüler beobachten und ahmen die Bewegungen mit der Hand nach.

- 1-3 Schüler probieren die KAI-Technik am Gebiss aus.

Schritt 3: Arbeitsphase

- An die räumlichen Gegebenheiten angepasst putzen sich alle Schüler die Zähne unter Berücksichtigung der KAI-Technik (evtl. Waschraum in der Turnhalle nutzen, oder Gruppentische bilden, wobei jeweils eine Schüssel mit warmem Wasser auf den Tisch gestellt wird).

Schritt 4: Arbeitsphase- Partnerarbeit

- Die Schüler erhalten einen Bogen festeres Papier mit vorgezeichneten Quadraten.
- In Partnerarbeit überlegen die Schüler,
  - was man alles zum Zähneputzen benötigt (Zahnbürste, Zahnpasta, Becher,…)
  - wie lange man die Zähne putzen sollte (ca. drei Minuten, Sanduhr,…)
  - wie oft am Tag/ wann man die Zähne putzen sollte (min. zweimal am Tag, am Besten nach jeder Mahlzeit,…).
- Gemeinsam entwerfen sie Bilder, Symbole und zeichnen, malen ihr eigenes Memory und schneiden die Kärtchen aus.
- Zum Schluss wird das Memory gespielt.

Schritt 5: Abschluss

- Die Schüler teilen ihre Ergebnisse bezüglich der benötigten Zahnputzutensilien, der Dauer und der Häufigkeit des Zähneputzens mit.
- Zusammenfassung und Abschluss durch die Lehrperson.
- Hausaufgabe: Zahnputzreim lesen (s. Anhang: S.76).

4.2.5 Einheit 5: Ein Zahn wird krank

Ziele der Einheit

- Die Schüler sollen
  - die Löcher in den manipulierten Knetzähnen erkennen;
  - erfahren, dass das Loch im Zahn eine Krankheit ist, die man Karies nennt;
  - erste Kenntnisse und Erfahrungen über den Kariesverlauf sammeln;
  - die Notwendigkeit des Zahnarztbesuches und die Möglichkeit der Zahnfüllungen feststellen;
  - das Vorgehen des Zahnarztes bei einer Zahnfüllung erklären (erst Bohren, dann Füllen);
  - das Bohren und Füllen am eigenen Knetzahn nachmachen;
  - darüber nachdenken, wie man die Löcher in den Zähnen verhindern kann.

Vorbereitungen

- Vor dieser Einheit jeweils ein Loch in die Knetzähne der Kinder mit einem hölzernen Schaschlikspieß bohren. Das Loch mit einem schwarzen nicht wasserlöslichen Stift anmalen.
- Schaschlikspieße für die Kinder.
- Knete um die Löcher in den Zähnen zu füllen.
- Bilder auf großer Pappe oder für den OHP vorbereiten, die den Kariesverlauf darstellen, bzw. eine Tafelzeichnung erstellen.
- Vorbereitende Hausaufgabe: Handspiegel mitbringen.

Unterrichtsverlauf in Schritten

Schritt 1: Einstieg

- Schüler erhalten ihre präparierten Knetzähne.
- Schüler äußern sich spontan zu den Löchern in den Zähnen, vielleicht können einige der Schüler auch die Löcher als Karieslöcher identifizieren.

Schritt 2: Erarbeitungsphase

- Frage: Wie kommen Löcher in den Zahn?
- Im Unterrichtsgespräch mit den Kindern erarbeiten,
  - o dass das Loch im Zahn eine Krankheit ist, die man Karies nennt.
- Mit Kindern den Kariesverlauf anhand von Abbildungen (s. Anhang: S.87) oder anhand eines selbst gestalteten Tafelbildes entwickeln.
  - o Bakterien, die im Mund leben, mögen besonders Zucker (zuckerhaltige Nahrungsmittel). Wenn sie den verdauen, scheiden sie Säuren aus. Diese Säuren greifen den Zahn immer mehr an bis ein Loch im Zahn entsteht. Diese Zerstörung nennt man Karies.
    - Zunächst ist die Zerstörung nur ein kleiner Fleck an der Oberfläche.
    - Dann geht der Zahnschmelz kaputt, es entsteht ein kleines Loch.
    - Die Karies breitet sich immer weiter aus. Sie erreicht das Zahnbein und dann das Zahnmark.
    - Es kommt zu Schmerzen, wenn kalte oder heiße, süße oder saure Nahrung mit dem Zahn in Berührung kommt.
- Kinder, die wegen Karies schon einmal beim Zahnarzt waren, berichten darüber (Schmerzen, Behandlung).
- Frage: Was kann man tun, wenn ein Zahn ein Loch hat?

- Ggf. macht die Lehrperson den Vorschlag, das Loch im Zahn zu füllen.
- Auftrag an Kinder: Mit Hilfe eines Taschenspiegels bei sich selbst im Mund nachschauen, ob man eine Zahnfüllung oder vielleicht auch ein Loch hat.

Schritt 3: Arbeitsphase

- Frage: Wie macht das der Zahnarzt? (Bei der Erklärung des Vorgehens sind die Schüler gefragt, die damit schon Erfahrungen gemacht haben).
- Lehrperson macht die einzelnen Schritte an ihrem Knetzahn vor (erst bohren, dann füllen).
- Schüler machen dies an ihren Knetzähnen nach.

Schritt 4: Vertiefung und Abschluss

- Frage: Wie kann man die Löcher in den Zähnen verhindern?
- Mit Kindern im Gespräch erarbeiten/ wiederholen:
  - ○ Regelmäßig Zähneputzen, am besten nach jeder Mahlzeit.
  - ○ Zweimal im Jahr zur Kontrolle zum Zahnarzt.
  - ○ Nicht so oft Süßes essen.
- Einheit abschließen.

4.2.6 Einheit 6: Zahnfreundliches Essen

Ziele der Einheit

Die Schüler sollen

- auf die Thematik der Einheit eingestimmt werden, indem sie sich mit ihren eigenen Vorlieben für Nahrungsmittel auseinandersetzend, Bilder solcher Nahrungsmittel aus Prospekten ausschneiden und den anderen Schülern vorstellen.
- ihr Vorwissen, das Süßes den Zähnen schadet, anwenden, indem sie Nahrungsmittel als zahnschädlich oder zahnfreundlich begründen und dem entsprechenden Plakat zuordnen.
- durch das Würfelzuckerspiel motiviert Vermutungen über den Zuckergehalt bestimmter Nahrungsmittel äußern, den tatsächlichen Zuckergehalt erfahren und damit für die zahnschädliche Wirkung von Süßigkeiten sensibilisiert und gleichzeitig motiviert werden, den Zuckerkonsum zu reduzieren.
- verschiedene Nahrungsmittel als zahnfreundlich bzw. zahnschädlich identifizieren, indem sie Plakate als Handlungsprodukt erstellen.
- das Symbol „Zahnmännchen mit Schirm" für zahnfreundliche Produkte kennen lernen und wenn bekannt, Nahrungsmittel mit diesem Symbol nennen.

Vorbereitungen

- Pappe für die Plakate vorbereiten
- Würfelzuckerquiz
- Plakate mit den Symbolen „Lachender Zahn" und „Weinender Zahn"
- Abbildung „Zahnmännchen mit Schirm"
- Vorbereitende Hausaufgabe: Schüler sollen Prospekte, Werbungen von Nahrungsmitteln mitbringen.

Unterrichtsverlauf in Schritten

Schritt 1: Einstieg

- Lehrperson erklärt die Aufgabe: Schneide aus den Prospekten etwas aus, das du gerne isst.
- Schüler suchen in den Prospekten und schneiden aus.
- Schüler stellen ihre Bilder vor und legen diese auf eine große Pappe.

Schritt 2: Erarbeitungsphase (Sitzkreis)

- Lehrperson legt zwei Plakate auf den Boden mit den Symbolen und Aufschriften „Lachender Zahn" – Zähne mögen und „Zahn mit Kariesloch" – Macht Zähne krank (s. Anhang: S.88).
- Die Schüler ordnen ihre Bilder den beiden Plakaten zu und begründen.

Schritt 3: Vertiefung

- Lehrperson zeigt ein Tablett mit verschiedenen Nahrungsmitteln.
- Schüler äußern sich spontan, erkennen die Nahrungsmittel als zahnschädlich.
- Den Zucker in Nahrungsmitteln kann man nicht sehen.
- Lehrperson erklärt das Würfelzuckerquiz (s. Anhang: S.89) und verteilt das Arbeitsblatt für das Zahnbuch (s. Anhang: S.77).

Schritt 4: Erarbeitungsphase

- Lehrperson stellt das Symbol „Zahnmännchen mit Schirm" vor (s. Anhang: S.90).
- Schüler nennen die Bedeutung des Symbols (wenn bekannt) und Nahrungsmittel mit diesem Symbol.
- Schüler bekommen die Aufgabe in Gruppenarbeit Plakate zugestalten, die nachher ausgestellt werden können.

- Dazu schneiden die Schüler weitere zahngesunde- bzw. schädliche Nahrungsmittel aus.

Schritt 5: Reflexion und Abschluss

- Anhand der Plakate besprechen, dass eine zahngesunde Ernährung nicht die regelmäßige Zahnpflege ersetzt.
- Nach dem Verzehr von Süßigkeiten stets Zähneputzen nicht vergessen.

4.2.7 Einheit 7: Ein Besuch beim Zahnarzt

Ziele der Einheit

Durch den Besuch bei einem Zahnarzt in seiner Zahnarztpraxis sollen die Schüler

- eine Zahnarztpraxis besichtigen.
- den Zahnarzt als einen helfenden Menschen kennen lernen.
- evtl. vorhandene Ängste abbauen.
- mit den Geräten wie beispielsweise Mundspiegel, Sonde, Bohrer vertraut werden.
- mit dem Ablauf eines Zahnarztbesuches vertraut werden.

Vorbereitungen

- Dieser Besuch muss zuvor mit Eltern und Zahnarzt genau besprochen werden, damit er erfolgreich ist und die gewünschten Ziele erreicht werden. Mindestens zwei Eltern sollten die Klasse mit zum Zahnarzt begleiten, um die wartenden Kinder im Wartezimmer zu beaufsichtigen und sinnvoll zu beschäftigen.
- Diverses Beschäftigungsmaterial für die Kinder mitnehmen (Spiele, Bücher, Puzzles o.ä.)

Unterrichtsverlauf

Der Zahnarztbesuch muss individuell mit dem Zahnarzt besprochen und geplant werden. Im Folgenden wird lediglich ein möglicher Ablauf für die Durchführung vorgeschlagen.

- Die Klasse wartet im Wartezimmer und beschäftigt sich mit Spielen, Büchern o.ä.

- Gruppen von jeweils 4 bis 6 Schülern werden nacheinander ins Behandlungs-zimmer geholt.

- Der Zahnarzt zeigt den Kindern die wichtigsten Geräte, wie z.B. Mundspiegel, Pinzette, Sonde, Bohrer, Speichelsauger u.a., und erklärt ihre Funktionen.

- Jeder Schüler darf einmal auf dem Behandlungsstuhl sitzen.

In der Schule sollte der Zahnarztbesuch nachbereitet werden. Dazu können die Schüler das Erlebte reflektieren, indem sie ein Rollenspiel vorspielen oder beispielsweise ein Arbeitsblatt (s. Anhang: S.78) bearbeiten und pantomimisch Tätigkeiten aus der Zahn-arztpraxis darstellen.

5 Zusammenfassung und Ausblick

Die Auseinandersetzung mit dem Thema „Zahngesundheit im Kindes- und Jugendalter„ zeigt, dass es ein sehr vielfältiges Thema ist. Zahngesundheit ist von mehreren Faktoren abhängig. Zähne haben eine sehr wichtige Bedeutung – nicht nur für die Nahrungsaufnahme und Nahrungszerkleinerung, sondern auch für die Kommunikation, das Selbstbewusstsein und Selbstvertrauen. Bereits in der Schwangerschaft werden Zähne angelegt und zum Teil mineralisiert. Der Zahnhaltapparat mit den Zähnen ist durch einen komplexen Aufbau gekennzeichnet. Nur wenige Faktoren können aber dazu beitragen, dass Zähne und Zahnhalteapparat durch Krankheiten, wie Karies und Parodontitis zerstört werden. Damit nicht nur die Milchzähne gesund bleiben, sondern auch die bleibenden Zähne ein Leben lang erhalten bleiben, ist bereits ab dem ersten Milchzahn die richtige Pflege sehr wichtig. Zu dieser Pflege gehört nicht nur das Zähneputzen. Die Beschäftigung mit den Prophylaxemaßnahmen verdeutlicht, dass die Beachtung und Umsetzung aller vier Säulen – Ernährung, Zahnpflege, Fluoride und Zahnarztbesuche – die Zahngesundheit positiv beeinflusst und fördert. Erfreulicherweise zeigen auch die Ergebnisse der Studien, dass sich die Mundgesundheit der Kinder und Jugendlichen in den letzten dreißig Jahren sehr positiv entwickelt hat. Andererseits wird durch die Schieflage in der Kariesverteilung deutlich, dass es auch heute Kinder und Jugendliche gibt, die massive Kariesschäden in ihren Gebissen aufweisen und dass diese Personen hauptsächlich aus den niedrigeren sozialen Schichten stammen. In Zukunft muss hier definitiv verstärkt gearbeitet werden, damit auch diese Kinder und Jugendliche erreicht werden und von den Prophylaxemaßnahmen profitieren.

Grundschulen und weiterführende Schulen können und sollen dazu beitragen, dass durch die Zahngesundheitserziehung alle Schüler erreicht werden. Der vorliegende Unterrichtsentwurf stellt dazu sicherlich eine von vielen Möglichkeiten dar. Bevor allerdings die Unterrichtseinheiten in einem ersten Schuljahr erprobt werden, sollten die Voraussetzungen der Klasse beachtet und dementsprechend der Entwurf verändert und auf die Klasse abgestimmt werden. Es muss auch betont werden, dass eine einmalige Unterrichtseinheit zu diesem Thema in der Regel nur eine kurzzeitige Verhaltensänderung bewirkt. Eine dauerhafte Verhaltensänderung kann nur durch einen andauernden Lernprozess erreicht werden. Aus diesem Grund sollten in der Grundschule, aber auch in den weiterführenden Schulen Unterrichtseinheiten zur Zahngesundheit regelmäßig stattfinden. Dies ermöglicht den Schülern Bekanntes zu wiederholen und zu festigen, aber auch Neues herauszufinden und zu lernen.

Literaturverzeichnis

aid infodienst Verbraucherschutz, Ernährung, Landwirtschaft e.V. (2006): Biss für Biss gesunde Zähne. 3. überarbeitete Aufl. Bonn

Bartsch, B./ Bartsch, N./ Waldschmidt, I. (2003): Zahngesundheit im Kindergarten. Lernangebote. 18. aktualisierte Aufl. Verein für Zahnhygiene e.v. Darmstadt

Bartsch, N./ Pommerenke, A./ Waldschmidt, I. (1992): Zahngesundheitserziehung. Unterrichtswerk für die Grundschule 1.-4. Klasse. 9. Auflage. Verein für Zahnhygiene e.v. Darmstadt

Behrendt, A./ Sziegoleit, F./ Wetzel, W.-E. (2002): Karies bei Kleinkindern durch Primärinfektion mit Streptococcus mutans. In: Monatsschrift Kinderheilkunde. 150.5.603-607

Bergmann, K.E./ Niethammer, D. (2007): Empfehlungen zur Prävention der Milchzahnkaries. In: Monatsschrift Kinderheilkunde. 6. 544-548 (Online publiziert: 24.Mai 2007)

Bürkle, V./ Heinrich-Weltzien, R./ Hickel, R./ Kühnisch, J./ Reich, E./ Stößer, L. (03/2006): Fissurenversiegelung. Patienteninformation. Zahnärztliche Zentralstelle Qualitätssicherung im Institut der Deutschen Zahnärzte (Hrsg.). Köln

DAZ Deutscher Arbeitskreis für Zahnheilkunde – Informationsstelle für Kariesprophylaxe (2005): Karies-Vorbeugung mit fluoridhaltiger Zahnpaste und fluoridiertem Speisesalz…den Zähnen zuliebe! Broschüre

DAZ Deutscher Arbeitskreis für Zahnheilkunde – Informationsstelle für Kariesprophylaxe (2004): Fluoride in Zahnpaste und Speisesalz: Starker Schutz für gesunde Zähne. Broschüre

Einwag, J. (2008): Prophylaxe. In: Einwag J./ Pieper K. (Hrsg.): Kinderzahnheilkunde. 3. vollständig überarbeitete Aufl. Urban & Fischer Verlag. München. 81-124

Einwag, J./ Pieper, K. (2008): Kinderzahnheilkunde. 3. vollständig überarbeitete Aufl. Urban & Fischer Verlag. München

Emmrich, D./ Felten, S./ Heid, R./ Klose, S./ Kremers, B. (2003): Das Auer Sachbuch 1/2. Auer Verlag GmbH. Donauwörth

Gülzow, H.-J./ Hellwig, E./ Hetzer, G. (2006): Leitlinie Fluoridierungsmaßnahmen. Kurzfassung. Zahnärztliche Zentralstelle Qualitätssicherung im Institut der Deutschen Zahnärzte (Hrsg.). Köln

Gülzow, H.-J./ Hellwig, E./ Hetzer, G. (03/2006): Fluoridierungsmaßnahmen zur Kariesprävention. Patienteninformation. Zahnärztliche Zentralstelle Qualitätssicherung im Institut der Deutschen Zahnärzte (Hrsg.). Köln

Heinrich, E./ Hoffmann, G. (1997): Die Zahnarzthelferin. Ein Lehr- und Nachschlagebuch. 25. vollständig neubearbeitete u. erweiterte Aufl. Hüthig Verlag. Heidelberg

Hickel, R./ Kühnisch, J. (2007): Wissenschaftliche Stellungnahme. Fissuren- und Grübchenversiegelung. Deutsche Gesellschaft für Zahn- Mund- und Kieferheilkunde. http://www.dgzmk.de/stlgnahmen/Fissuren--und-Gruebchenversiegelung-2007-03-15.pdf; Abrufdatum: 10.06.08

Hirschberg, T. (2005): Karies. In: Widhalm, K. (Hrsg.): Ernährungsmedizin. 2. vollständig überarbeitete und erweiterte Aufl. Verlagshaus der Ärzte GmbH. Wien

IDZ, Institut der Deutschen Zahnärzte (2006): Vierte Deutsche Mundgesundheitsstudie (DMS IV). Deutscher Zahnärzteverlag DÄV. Köln

Imfeld, T. (2008): Ernährung, Nahrungsmittel und Zahngesundheit – De- und Remineralisation der Zähne. In: Therapeutische Umschau. 65.02.69-73

Jacksch, S. (1994): Zahn um Zahn – Funktion und Pflege der Zähne. Klassen 1 und 2. In: RAAbits Grundschule

Kassenzahnärztliche Vereinigung Westfalen Lippe (1995): Befundadäquate Therapie. Band 2. Individualprophylaxe

Kern, R./ Krämer, J./ Micheelis, W. (2006): Vierte Deutsche Mundgesundheitsstudie (DMS IV). Kurzfassung. Kassenzahnärztliche Bundesvereinigung. Bundeszahnärztekammer. Köln

Kneist, S. (2008): Mundgesundheit von Patienten mit frühkindlicher Karies. Eine klinisch-mikrobiologische Studie. In: ZWR Das deutsche Zahnärzteblatt. 117, 3, 74-83

Koch, M. J. (2007): Entwicklung der Zähne. Grundlagen genetisch bedingter Zahnveränderungen. In: Medizinische Genetik. 4, 392-398.

Koch, M. J. (2004): Zähne und Ernährung. In: Biesalski, H.-K./ Fürst, P./ Kasper, H./ Kluthe, R./ Pölert, W./ Puchstein, C./ Stähelin, H. B. (Hrsg.): Ernährungsmedizin. 3. erweiterte Aufl. Georg Thieme Verlag. Stuttgart

Köster, H. (2003): Tipi Sachlexikon 1. Handreichungen für den Unterricht. Cornelsen Verlag. Berlin

Kramer, E. (2004): Prophylaxefibel. Grundlagen der Zahngesundheitsvorsorge. 9. überarbeitete Aufl. Deutscher Zahnärzte Verlag. Köln

Kühnisch, J. (1998): Zahngesundheit sowie Häufigkeit und Qualität der Fissurenversiegelung bei 8- und 14jährigen. Dissertation. Zur Erlangung des akademischen Grades Doctor medicinae dentariae (Dr. med. dent.). Erfurt

Kühnisch, J. / Senkel, H. / Heinrich-Weltzien R. (2003): Vergleichende Untersuchung zur Zahngesundheit von deutschen und ausländischen 8- bis 10-Jährigen des westfälischen Ennepe-Ruhr-Kreises. In: Das Gesundheitswesen. 65, 2, 96-101.

Küpper, C. (2007): Zahngesundheit bei Kindern und Jugendlichen auf gutem Weg. In: Kinderkrankenschwester: Organ d. Sektion Kinderkrankenpflege/ Deutsche Gesellschaft für Sozialpädiatrie u. Deutsche Gesellschaft für Kinderheilkunde. 26, 4, 151-155

Mausberg, R. F. (2006): Parodontopathien. In: Schauder, Peter/ Ollenschläger, Günter (Hrsg.): Ernährungsmedizin. Prävention und Therapie. 3. völlig überarbeitete und erweiterte Aufl. Elsevier GmbH, Urban & Fischer Verlag. München. 1020-1027

Mayer, W. G. (1997): Schlag nach im Sachunterricht. Bayerischer Schulbuch Verlag GmbH. München

Ministerium für Schule, Jugend und Kinder des Landes Nordrhein-Westfalen (2003): Lehrplan Sachunterricht. In: Richtlinien und Lehrpläne zur Erprobung für die Grundschule in Nordrhein-Westfalen. Ritterbach Verlag. Frechen. 51-66

Ott, K. H. R. (2006): Karies. In: Schauder, P./ Ollenschläger, G. (Hrsg.): Ernährungsmedizin. Prävention und Therapie. 3. völlig überarbeitete und erweiterte Aufl. Elsevier GmbH, Urban & Fischer Verlag. München. 1011-1019

Pechtold, J. (1991): Praktische Durchführung der Zahngesundheitserziehung in der Grundschule. In: Deutscher Ausschuß für Jugendzahnpflege e.V. - Bundesarbeitsgemeinschaft Zahngesundheit (Hrsg.): Zahngesundheitserziehung in der Grundschule. 42-50

Petschelt, A./ Krämer, N./ Frankenberger, R. (2008): Füllungstherapie im Wechselgebiss. In: Einwag J./ Pieper K. (Hrsg.): Kinderzahnheilkunde. 3. vollständig überarbeitete Aufl. Urban & Fischer Verlag. München. 187-220

Pieper, K. (2008): Epidemiologie der Gebisserkrankungen. In: Einwag J./ Pieper K. (Hrsg.): Kinderzahnheilkunde. 3. vollständig überarbeitete Aufl. Urban & Fischer Verlag. München. 13-20

Pieper, K./ Momeni, A. (2006): Grundlagen der Kariesprophylaxe bei Kindern. In: Deutsches Ärzteblatt. 103, 15, 1003-1009.

Pommerening, R./ Ritter, J. (2000): Pusteblume. Das Sachbuch 2. Schroedel Verlag GmbH. Hannover

Pommerenke, A./ Esser, H./ Reihlen, E./ Timm, U. (2004): Das Gebiss und seine Gesunderhaltung. Materialien für die Schulen der Sekundarstufe I (Klassen 5-10). 3. überarbeitete und neu gestaltete Ausgabe. Verein für Zahnhygiene e.V. Darmstadt

Reich, E. (2002): Wissenschaftliche Stellungnahme. Empfehlungen zur Durchführung von Gruppenprophylaxe. Deutsche Gesellschaft für Zahn- Mund- und Kieferheilkunde. http://www.dgzmk.de/stlgnahmen/Empfehlungen-zur-Durchfuehrung-der-Gruppenprophylaxe-2002-06-01.pdf; Abrufdatum: 10.06.08

Roulet, J.-F./ Zimmer, S. (2003): Prophylaxe und Präventivzahnmedizin. In: Rateitschak, K. H./ Wolf, H. F. (Hrsg.): Farbatlanten der Zahnmedizin Band 16. Georg Thieme Verlag Stuttgart

Schenk, L./ Knopf H. (2007): Mundgesundheitsverhalten von Kindern und Jugendlichen in Deutschland. Erste Ergebnisse aus dem Kinder- und Jugendgesundheitssurvey (KiGGS). In: Bundesgesundheitsbl – Gesundheitsforsch - Gesundheitsschutz. 5/6, 653-658

Schiffner, U. (2006a): Krankheits- und Versorgungsprävalenzen bei Kindern (12 Jahre): Zahnkaries. In: Institut der Deutschen Zahnärzte (Hrsg.): Vierte Deutsche Mundgesundheitsstudie (DMS IV). Deutscher Zahnärzteverlag DÄV. Köln. 155-184

Schiffner, U. (2006b): Krankheits- und Versorgungsprävalenzen bei Jugendlichen (15 Jahre): Zahnkries. In: Institut der Deutschen Zahnärzte (Hrsg.): Vierte Deutsche Mundgesundheitsstudie (DMS IV). Deutscher Zahnärzteverlag DÄV. Köln. 201-228

Schiffner, U. (2006c): Internaionale Vergleiche: Zahnkaries. In: Institut der Deutschen Zahnärzte (Hrsg.): Vierte Deutsche Mundgesundheitsstudie (DMS IV). Deutscher Zahnärzteverlag DÄV. Köln. 425-435

Schiffner, U./ Hoffmann, T./ Kerschbaum, T. (2006): Aufbau der zahnmedizinischen Erhebungsinstrumente. In: Institut der Deutschen Zahnärzte (Hrsg.): Vierte Deutsche Mundgesundheitsstudie (DMS IV). Deutscher Zahnärzteverlag DÄV. Köln. 91-108

Schütte, U./ Kirch, W./ Walter, M. (2005): Versorgungsforschung in Deutschland – eine Standortbestimmung aus Sicht der Zahn-, Mund- und Kieferheilkunde. In: Medizinische Klinik. 100, 9, 562-567.

Stegeman, C. A./ Davis J. R. (2007): Zahnmedizin und Ernährung. Basiswissen – Beratung – Prävention. 1. Aufl. Elsevier GmbH, Urban & Fischer Verlag. München

Strippel, H. (2005): Zahngesundheit und Ernährung. In: Arbeitstagung der DGE 2005 in Paderborn. 33-38

Voß, C. (2004): Zahngesundheitserziehung an Schulen für Geistigbehinderte. Bedeutung und Möglichkeiten. Deutsche Arbeitsgemeinschaft für Jugendzahnpflege e.V. (DAJ). Bonn

WHO Oral Health Country/ Area Profile Progamme, CAPP pages 28.Februar, 2008 (zusammengestellt: IDZ, 2008); http://www.bzaek.de/list/presse/datenfakten/10kariesjugendliche.pdf; Abrufdatum: 15.06.08

Wiedemann, W. (1991): Zähne – ihre Funktion und Gesunderhaltung. In: Deutscher Ausschuß für Jugendzahnpflege e.V. (Hrsg.): Zahngesundheitserziehung in der Grundschule. Hürth. 10-21

Wiedemann, W. (1996): Kohlenhydrate, Karies und die Erkrankungen des Zahnhalteapparates. In: Kluthe, R./ Kasper, H. (Hrsg.): Kohlenhydrate in der Ernährungsmedizin unter besonderer Berücksichtigung des Zuckers. Georg Thieme Verlag. Stuttgart. 54-59.

Willmeroth, S./ Moll, B. (2000): „...er hat überhaupt nicht gebohrt!". Eine Werkstatt zur Zahngesundheit. Verlag an der Ruhr

Anhang

Mein

Zahnbuch

Name:_____

Ein Zahn fällt aus

Das ist ein Milchgebiss.

Abbildung aus urheberrechtlichen
Gründen für die Veröffentlichung
entfernt.

Kleine Kinder haben

_____ Milchzähne.

Ich bin schon _____ Jahre alt und habe _____ Zähne.

Davon sind...

... _____ Milchzähne.

... _____ neue Zähne.

... _____ Wackelzähne.

Abbildung aus urheberrechtlichen
Gründen für die Veröffentlichung
entfernt.

Male auf diesem Blatt deine Wackelzähne rot und deine Zahnlücken blau an.

Erwachsene haben 32 Zähne. Oder?

Mama hat _____ Zähne.   _____ hat _____ Zähne.

_____ hat _____ Zähne.   _____ hat _____ Zähne.

Quelle: Köster 2003, S.KV51 und Emmrich et al. 2003, S.31;
modifiziert von der Verfasserin

Unsere Zähne haben viel Arbeit

Ich habe _____ Zähne.

Ich habe _____ Schneidezähne.

Ich habe _____ Eckzähne.

Ich habe _____ Backenzähne.

Was machen die Zähne? Verbinde und male an!

Schneidezähne

> Wir sind spitz. Wir können festhalten und reißen.

Eckzähne

> Wir haben zwei oder mehr Höcker. Wir können kauen und mahlen.

Abbildungen aus urheberrechtlichen Gründen für die Veröffentlichung entfernt.

Backenzähne

> Wir sind flach und glatt. Wir können abbeißen.

Quelle: Mayer 1997, S.55 und Jacksch 1994, S.4: modifiziert von der Verfasserin

73

So sieht ein Zahn von innen aus

1. Schneide die Zahn-Klappkarte aus.
2. Falte den Zahn an der gestrichelten Linie zusammen.
3. Schneide den schraffierten Teil aus.
4. Klebe die Zahn-Klappkarte auf die nächste Seite, so dass du die Karte öffnen kannst.

Abbildungen aus
urheberrechtlichen Gründen für
die Veröffentlichung entfernt.

Quelle: Willmeroth/ Moll 2000, S.67

So sieht ein Zahn von innen aus

Klebe hier den Zahn ein.

Beschrifte den Zahn:

Zahnschmelz, Zahnbein, Zahnmark

Jetzt kannst du das Innere des Zahnes ausmalen.

Wir putzen unsere Zähne

Kauflächen

Zahnputzreim

Hin und her,
hin und her,
Zähne putzen
ist nicht schwer!

Außenflächen

Abbildungen aus
urheberrechtlichen Gründen für
die Veröffentlichung entfernt.

Große Kreise,
große Kreise,
putzen wir auf
diese Weise!

Innenflächen

Immer weg,
immer weg,
mit den Krümeln
und dem Dreck!

Quelle: Pommerenke et al. 2004, S.110 und Das Zahnexperiment: http://www.medizin-fuer-kids.de/kinderarztpraxis/pix_zahnfee/Stellwand4gross.JPG Abrufdatum: 21.07.2008; modifiziert von der Verfasserin

Zuckerwürfelquiz

Lebensmittel	geschätzte Stück Wür- felzucker	tatsächliche Stück Wür- felzucker
1 Milchschnitte (28g)		
1 Tüte Gummibärchen (200g)		
1 Päckchen Maoam		
1 Riegel Kinderschokolade		
3 Esslöffel Tomatenketchup (60ml)		
1 Trinkpäckchen Capri-Sonne Sa- fari Fruits (200ml)		
1 Töpfchen Fruchtzwerge (50g)		
1 Glas Nutella (400g)		
1 Dose Coca Cola (330ml)		

Ein Besuch beim Zahnarzt

Abbildung aus
urheberrechtlichen Gründen für
die Veröffentlichung entfernt.

Quelle: Pommerening/ Ritter 2000, S.29

Materialien für die Unterrichtseinheiten

Einheit 1: Wackelzahngeschichten – Zahnvorlagen

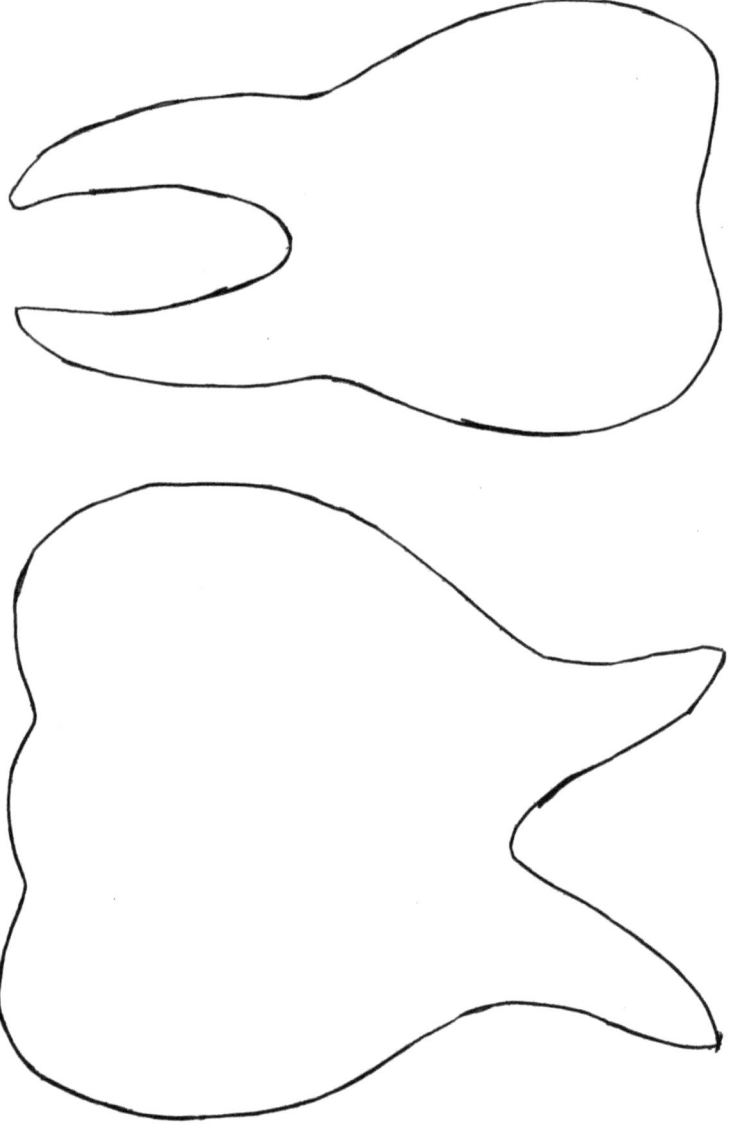

Einheit 1: Wackelzahngeschichten Gestaltungsidee

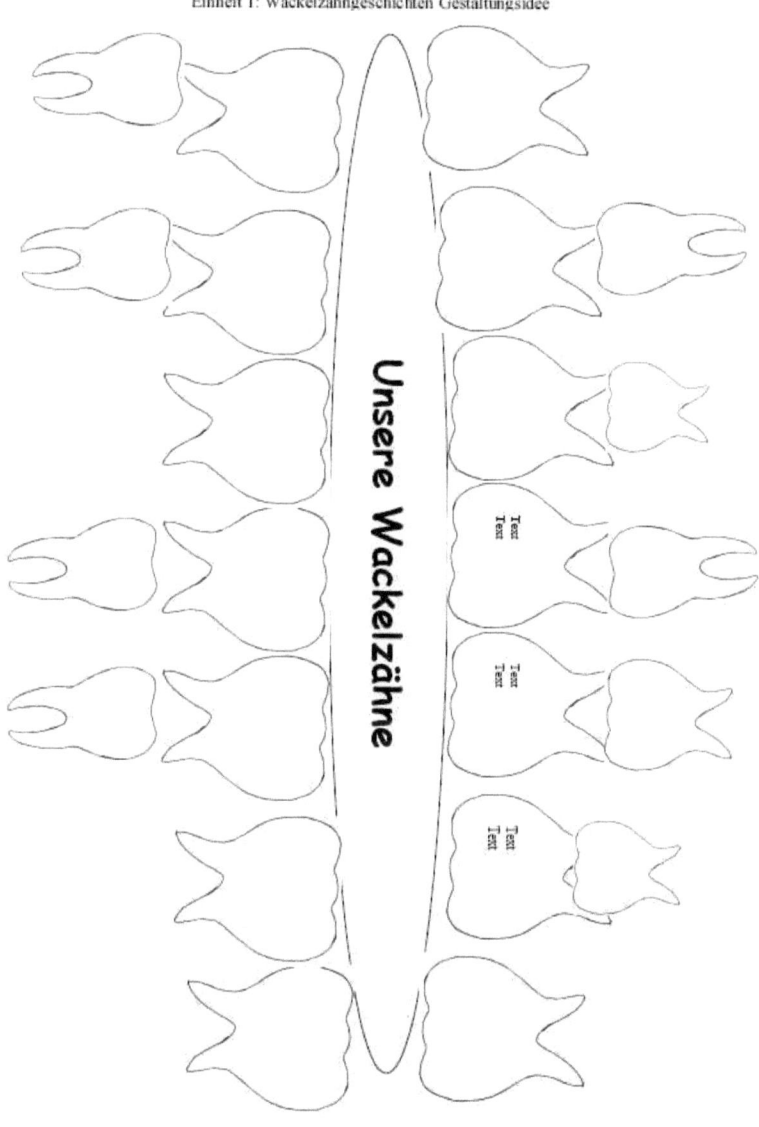

Unsere Wackelzähne

Einheit 1: Zahnwechsel

Quelle: Mayer 1997, S.55

Abbildungen aus
urheberrechtlichen Gründen für
die Veröffentlichung entfernt.

Einheit 1: Milchgebiss

Abbildung aus
urheberrechtlichen Gründen für
die Veröffentlichung entfernt.

Quelle: Köster 2003, S.KV51

Einheit 2: Unsere Zähne haben viel Arbeit

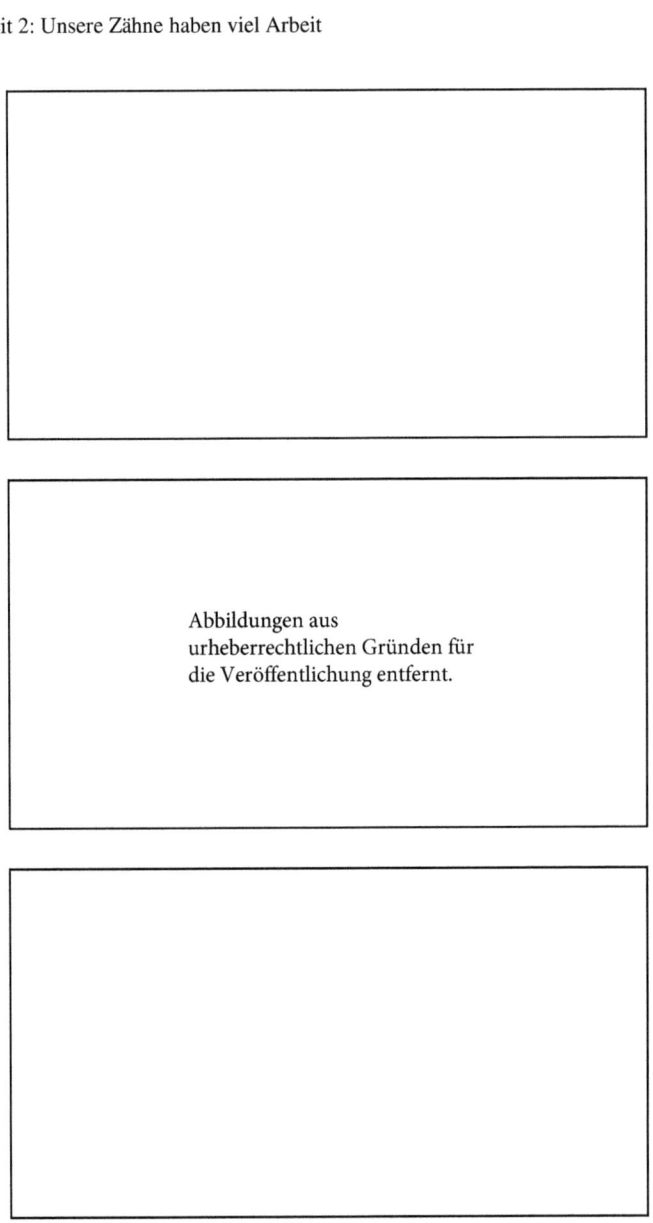

Abbildungen aus
urheberrechtlichen Gründen für
die Veröffentlichung entfernt.

Quelle: Jacksch 1994, Unterrichtseinheit 3 S.3

Einheit 2: Unsere Zähne haben viel Arbeit

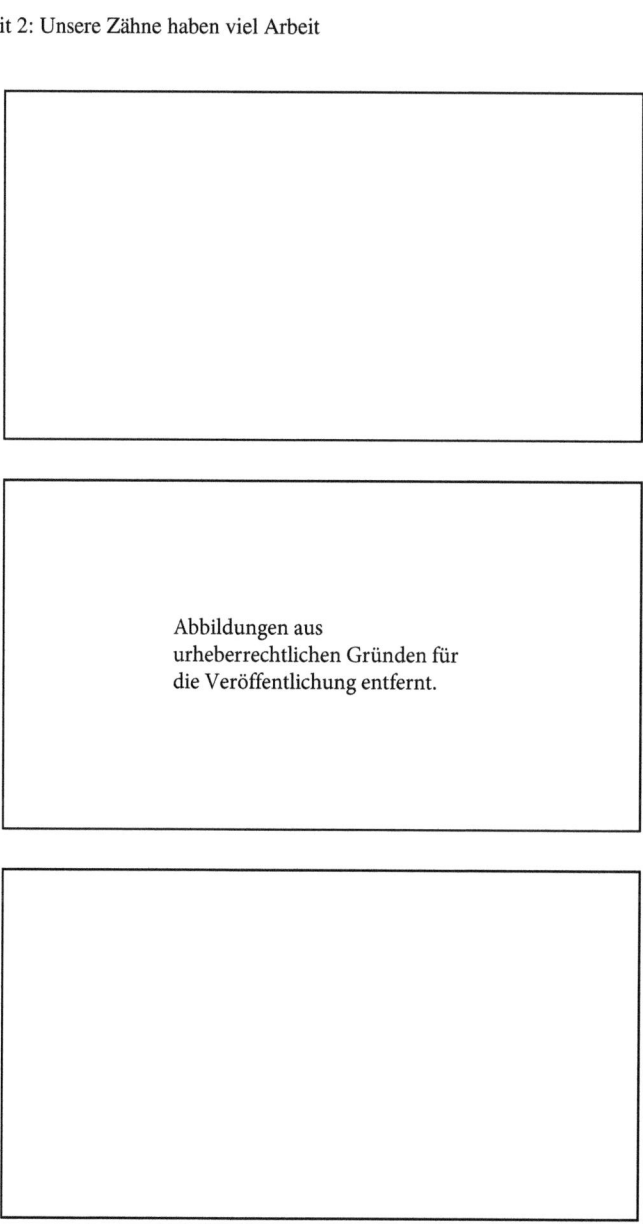

Abbildungen aus urheberrechtlichen Gründen für die Veröffentlichung entfernt.

Quelle: Jacksch 1994, Unterrichtseinheit 3 S.4

Einheit 3: Anleitung zur Herstellung eines Knetzahnmodells

Abbildungen aus
urheberrechtlichen Gründen für
die Veröffentlichung entfernt.

Quelle: Bartsch et al. 1992, Folie 4

Einheit 4: Wir putzen unsere Zähne

	Kauflächen
	Außenflächen
Abbildungen aus urheberrechtlichen Gründen für die Veröffentlichung entfernt.	
	Innenflächen

Quelle: Pommerenke et al. 2004, S.110 und Bartsch et al. 1992, Folie 2;
modifiziert von der Verfasserin

Einheit 5: Ein Zahn wird krank

Abbildungen aus urheberrechtlichen Gründen für die Veröffentlichung entfernt.

1. Phase

2. Phase

3. Phase

4. Phase

Quelle: Pommerenke et al. 2004, S.104

Einheit 6: Lachender Zahn – Weinender Zahn

Einheit 6: Würfelzuckerquiz

Ablauf:
Jedes Kind erhält die Tabelle in abgeänderter Form (siehe Würfelzuckerquiz Zahnbuch) mit den 9 Lebensmitteln. Die Lehrperson liest der Reihe nach das Produkt vor
und zeigt es im Original. Die Kinder erhalten den Auftrag die enthaltenen Stück
Würfelzucker zu schätzen und in die vorgesehene Spalte zu schreiben. Danach erhalten je zwei Schüler ein Lebensmittel aus der unten abgebildeten Tabelle, Würfelzucker und ein Schild, worauf die Würfelzuckeranzahl ihres ausgewählten Produkts
steht. Die Kinder zählen die Würfelzucker ab und stapeln diese auf einer Serviette.
Anschließend werden die Lebensmittel ausgestellt. Nun können sich die Kinder die
ausgestellten Lebensmittel anschauen und die tatsächliche Menge von Würfelzu-
ckerstücken aufschreiben.

Es ist sinnvoll auch Lebensmittel zu verwenden, die nicht süß schmecken. So können
die Kinder erkennen, dass es viele „versteckte Zucker" in Lebensmitteln gibt.

Lebensmittel	Stück Würfelzu-cker je 3g
1 Milchschnitte (28g)	3
1 Milky Way (26g)	6
1 Rolle Smarties (38g)	10
1 Minitüte Gummibärchen (15g)	4
1 Tüte Gummibärchen (200g)	51
1 Päckchen Maoam	5
Chipsi´s Paprika (100g)	19
1 Riegel Kinderschokolade	3,5
1 Flasche Tomatenketchup (450ml)	37
3 Esslöffel Tomatenketchup (60ml)	5
1 Trinkpäckchen Capri-Sonne Safari Fruits (200ml)	8
1 Aldi Apfelschorle (500ml)	10
1 Täfelchen RITTER Sport Mini Junior (16,7g)	3
1 Töpfchen Fruchtzwerge (50g)	3
Kinder-Schoko Bons (100g)	16
1 Glas Nutella (400g)	72
1 Balisto Müsliriegel Schoko (30g)	8
1 Mars (58g)	14
1 Dose Coca Cola (330ml)	12

Quelle:
http://www.landkreis-aurich.de/fileadmin/dateiablage/53-gesundheitsamt/pdf/Zuckerliste.pdf;
http://www.lagz-sachsen.de/pdf/info/zuckerliste.pdf;
modifiziert von der Verfasserin

Einheit 6: Zahnfreundliches Essen

Abbildungen aus
urheberrechtlichen Gründen für
die Veröffentlichung entfernt.

Quelle: aid 2006, S.17

BEI GRIN MACHT SICH IHR WISSEN BEZAHLT

- Wir veröffentlichen Ihre Hausarbeit,
  Bachelor- und Masterarbeit

- Ihr eigenes eBook und Buch -
  weltweit in allen wichtigen Shops

- Verdienen Sie an jedem Verkauf

Jetzt bei www.GRIN.com hochladen und kostenlos publizieren